*Gundlach*
*Bildungspolitik im Zeitalter der Globalisierung*

*Zukunft der Sozialen Marktwirtschaft*
Herausgegeben von der Ludwig-Erhard-Stiftung e.V.

Bd. 7

Die Ludwig-Erhard-Stiftung ist 1967 von Altbundeskanzler Prof. Dr. Ludwig Erhard gegründet worden, um freiheitliche Grundsätze in Politik und Wirtschaft zu fördern. Ihre Arbeit wird von der Heinz Nixdorf Stiftung unterstützt.

Die Schriftenreihe der Ludwig-Erhard-Stiftung, „Zukunft der Sozialen Marktwirtschaft", soll Orientierungshilfen und Handlungsempfehlungen geben. Sie wendet sich gleichermaßen an die praktische Politik wie an politisch interessierte Leser.

Erich Gundlach

# *Bildungspolitik*
# *im Zeitalter der Globalisierung*

 Lucius & Lucius

Anschriften:

PD Dr. Erich Gundlach
Institut für Weltwirtschaft
Düsternbrooker Weg 120
24105 Kiel

Ludwig-Erhard-Stiftung
Johanniterstr. 8
53113 Bonn

Redaktion: Natalie Furjan

Bibliografische Information der Deutschen Bibliothek
Die Deutsche Bibliothek verzeichnet diese Publikation in der Deutschen Nationalbibliografie; detaillierte bibliografische Daten sind im Internet über http://dnb.ddb.de abrufbar

ISBN 3-8282-0355-8
(ab 2007: ISBN 978-3-8282-0355-6)

© Lucius & Lucius Verlagsgesellschaft mbH, Stuttgart 2006
Gerokstr. 51, D-70184 Stuttgart
www.luciusverlag.com

Das Werk einschließlich aller seiner Teile ist urheberrechtlich geschützt. Jede Verwertung außerhalb der engen Grenzen des Urheberrechtsgesetzes ist ohne Zustimmung des Verlages unzulässig und strafbar. Das gilt insbesondere für Vervielfältigung, Übersetzungen, Mikroverfilmungen und die Einspeicherung, Verarbeitung und Übermittlung in elektronischen Systemen.

Druck und Einband: Druckhaus Thomas Müntzer, Bad Langensalza

Printed in Germany

# Inhalt

1 PISA als Weckruf für die Bildungspolitik .................... 7

2 Zum Begriff der Bildungsinvestitionen ..................... 11

3 Stand der Forschung

   3.1 Humankapital als Wachstumsmotor? .................... 19

      a) Zur Unterscheidung von
      Technologie und Faktoreinsatz ............................... 20

      b) Empirische Bedeutung des Humankapitals ............ 24

   3.2 Der fehlende Zusammenhang
   von Bildungsausgaben und Bildungsqualität ............... 30

      a) Befunde aus Querschnittsvergleichen .................... 32

      b) Befunde aus zeitlicher Perspektive ........................ 40

4 Erkenntnisse aus TIMSS und PISA

   4.1 Klassengröße und Schülerleistung .......................... 49

   4.2 Bildungsinstitutionen und Schülerleistung ................ 53

      a) Zentrale Prüfungen ............................................... 58

      b) Budgetkontrolle und Personalmanagement ........... 58

      c) Einfluss der Lehrer auf den Bildungsprozess ......... 60

## 5 Die gesamtwirtschaftliche Bedeutung von Humankapital

5.1 Private und gesamtwirtschaftliche Ertragsraten der schulischen Ausbildung .......................................... 63

5.2 Bildungsinvestitionen als Strategie im Kampf gegen Armut .................................................. 69

## 6 Konzeptionelle Ansatzpunkte einer zukunftsweisenden Bildungspolitik .......................... 75

Literatur ............................................................................. 81

# 1 PISA als Weckruf für die Bildungspolitik

Deutsche Schüler schneiden im internationalen Leistungsvergleich bestenfalls mittelmäßig ab. Diese Erkenntnis hat sich seit der ersten PISA-Studie[1] in weiteren Untersuchungen bestätigt und zu einer intensiven Debatte über die Reform des Bildungssystems geführt. Die Diskussion beruht auf der Sorge, dass bei einer mittelmäßigen Qualität der schulischen Ausbildung zumindest mittel- bis langfristig die Leistungskraft der deutschen Volkswirtschaft sinken könnte. Dabei herrscht die Überzeugung vor, dass die Qualität der schulischen Ausbildung eine wichtige Determinante des langfristigen Wirtschaftswachstums ist. Bildungspolitische Maßnahmen zur Verbesserung individueller Kenntnisse und Fähigkeiten gelten somit als wirtschaftspolitischer Schlüssel für den Erhalt von Wachstum und Wohlstand in einer wissensbasierten Gesellschaft, die sich dem permanenten Wettbewerbsdruck einer zunehmend integrierten Weltwirtschaft stellen muss.

Bei der Diskussion geht es darum, wie mit Hilfe der Bildungspolitik auf die Herausforderungen der Globalisierung reagiert werden kann. Ökonomen sprechen von Investitionen in das so genannte „Humankapital". Investitionen in Humankapital können dafür sorgen, dass eine Volkswirtschaft dauerhaft wachsen kann. Stetiges volkswirtschaftliches Wachstum ist wiederum die Bedingung dafür, dass die Einkommen bei einem hohen Beschäftigungsstand zunehmen können bzw. die Arbeitslosigkeit bei einem hohen durchschnittlichen Einkommensstand sinken kann. In diesem Sinne können Investitionen in Humankapital als Garant für den Wohlstand einer Nation betrachtet werden – Wohlstand, an dem alle Bürger teilhaben können.

Auf den ersten Blick mögen diese Überlegungen für Nicht-Ökonomen so klingen, als ob es darum ginge, Menschen – wie

---

[1] Vgl. OECD (2001); PISA steht für „Programme for International Student Assessment".

Maschinen oder Finanzkapital – allein im Hinblick auf ihre ökonomische Verwertbarkeit zu beurteilen. Das ist aber nicht gemeint. Offensichtlich haben es die Ökonomen nicht geschafft, auch Germanisten davon zu überzeugen, dass es sich beim Schlagwort Humankapital keineswegs um ein Unwort handelt. In der ökonomischen Analyse spielt der Begriff spätestens seit den Arbeiten des Nobelpreisträgers *Gary Becker* eine wichtige Rolle.[2] Mit dem Humankapital-Konzept lässt sich zeigen, wie mit Hilfe der Wirtschafts- und der Bildungspolitik Arbeitsplatz- und Einkommensverluste, insbesondere von wenig qualifizierten Erwerbstätigen, vermieden werden können.

Das Konzept kann gleichzeitig erklären, welche politischen Maßnahmen nicht durchgeführt werden sollten, obwohl sie auf den ersten Blick als überzeugend erscheinen mögen. Wenn beispielsweise die schulische Ausbildung zur Bildung des Humankapitals entscheidend beiträgt und das Humankapital das volkswirtschaftliche Produktivitätswachstum bestimmt, ist es nahe liegend, die aktuelle PISA-Debatte vereinfachend auf die Formel zu bringen, dass die schlechten bis mittelmäßigen Schüler von heute eine Gefahr für die Renten von morgen sind. Von dieser These ist es nicht weit zur Forderung, der gegenwärtigen Malaise im Bildungssystem vor allem mit einer Zunahme der staatlichen Bildungsausgaben zu begegnen.

Die folgenden Seiten versuchen, den Leser mit dem aktuellen Stand der wirtschaftswissenschaftlichen Humankapitalforschung bekannt zu machen, ohne auf alle theoretischen Einzelheiten einzugehen. Nach einem konzeptionellen Überblick zum Zusammenhang zwischen Investitionen in Humankapital und dem Wohlstand der Nationen folgt eine detaillierte Bestandsaufnahme der empirischen Ergebnisse zu Wirtschaftswachstum und Humankapital einerseits sowie zu Bildungsausgaben und Bildungsqualität andererseits. Darauf aufbauend werden neue empirische Forschungsergebnisse vorgestellt, die die

---

2 Vgl. dazu beispielsweise Becker (1993).

bisherigen Befunde zu den Ursachen der Leistungsunterschiede bei Schülern ergänzen beziehungsweise relativieren. Das abschließende Kapitel versucht, den Stand der wissenschaftlichen Diskussion zusammenzufassen und Schlussfolgerungen für eine Bildungspolitik zu ziehen, die nach dem PISA-Schock eine angemessene Reaktion auf die Herausforderungen der Globalisierung bieten kann.

# 2 Zum Begriff der Bildungsinvestitionen

Wenn sich Waren und Dienstleistungen sowie Wissen und Kapital zwischen allen Ländern der Welt frei bewegen könnten, was entgegen der weit verbreiteten Einschätzung noch nicht der Fall ist, könnten Beschäftigte mit gleicher Qualifikation keine unterschiedlichen Einkommen erzielen – unabhängig davon, ob sie in Karachi oder in Kiel arbeiten. Das gilt nicht nur für Werftarbeiter, sondern auch für Volkswirte. Eine integrierte Weltwirtschaft würde zwar insgesamt zu einem höheren durchschnittlichen Lebensstandard führen. Aber insbesondere wenig qualifizierte Arbeitskräfte in den Industrieländern müssen befürchten, dass ihre Einkommen nicht steigen oder gar sinken werden, wenn Arbeitskräfte mit ähnlichen Qualifikationen aus Entwicklungs- und Schwellenländern in die Produktionsprozesse weltweit operierender Unternehmen einbezogen werden.

Die Abschottung eines Produktionsstandortes könnte kurzfristig den Anpassungsdruck für die Betroffenen mildern, auf Dauer würde sie aber keineswegs helfen. Ganz im Gegenteil: Eine solche Strategie würde mittel- bis langfristig zu stetigem Verfall des durchschnittlichen Lebensstandards führen und ohnehin anstehende Strukturprobleme verschärfen. Die Wirtschaftsgeschichte Lateinamerikas, aber auch die wirtschaftliche Entwicklung des Vereinigten Königreichs nach dem Zweiten Weltkrieg bis zum Anfang der achtziger Jahre bieten reichlich Beweismaterial für den wirtschaftspolitischen Irrweg einer Abkopplung von der weltwirtschaftlichen Integration – von Extremfällen wie Albanien, Burma, Kuba und Nordkorea ganz zu schweigen. *Adam Smith*, der Gründervater der ökonomischen Analyse, hat bereits vor mehr als 200 Jahren betont, dass freie Handelsbeziehungen im Zusammenspiel mit einem stabilen staatlichen Rechtssystem als Quelle für den Wohlstand der Nationen gelten können.

Den wenig qualifizierten Arbeitskräften in den Industrieländern kann auf Dauer nur mit einer offensiven wirtschaftspolitischen Strategie geholfen werden. Hier rücken alle Maßnahmen ins Blickfeld, mit denen sich die Qualifikation der gegenwärtigen und vor allem der zukünftigen Erwerbstätigen verbessern lässt. Deshalb haben die PISA-Ergebnisse vor allem in den Ländern, die mittelmäßig oder unterdurchschnittlich abgeschnitten haben, große Aufmerksamkeit in der öffentlichen Debatte gefunden. Aus ökonomischer Sicht geht es um Bildungsinvestitionen oder eben um Investitionen in Humankapital.

Im Folgenden soll diese Argumentationskette näher beleuchtet werden, um Schlussfolgerungen aus den PISA-Ergebnissen für das Wirtschaftswachstum im Zeitalter der Globalisierung zu ziehen. Dabei spielen internationale Vergleiche eine große Rolle. Am Anfang steht die Frage, ob sich der vermutete Zusammenhang zwischen dem Ausbildungsstand der Arbeitskräfte – also dem volkswirtschaftlichen Humankapital – und dem Einkommensniveau einer Volkswirtschaft nachweisen lässt. Ohne diesen Nachweis wären alle Überlegungen zu den Konsequenzen der PISA-Ergebnisse nachrangig. Wenn ein Zusammenhang besteht, stellt sich die Frage nach der Richtung der Kausalität. Und wenn die Kausalität in der Tat vom Ausbildungsstand zum Einkommensniveau verläuft, ist fraglich, ob ein besserer Ausbildungsstand mit höheren Bildungsausgaben zu erreichen ist oder ob andere Maßnahmen größeren Erfolg versprechen würden.

Alle diese Fragen haben in der öffentlichen Debatte relativ wenig Aufmerksamkeit bekommen, wahrscheinlich weil die Zusammenhänge als geklärt vorausgesetzt werden. In der wissenschaftlichen Forschung ist man sich dagegen weniger sicher. Für Nicht-Ökonomen mag die wissenschaftliche Diskussion schwer nachvollziehbar sein und eher den Charakter von Glasperlenspielen haben. Die ökonomische Bildungsforschung hat aber in jüngster Zeit Befunde geliefert, die mehr beachtet werden sollten. Die Debatten zur Reform der schulischen Ausbildung scheinen, nicht nur in Deutschland, an zwei fundamentalen Problemen zu kranken: erstens an einer Vernachlässigung von

Fakten, die nicht ins Bild passen wollen, und zweitens an einer Missachtung ökonomischer Zusammenhänge.

Zu den Fakten gehört, dass die PISA-Ergebnisse speziell im Hinblick auf das Abschneiden deutscher Schüler nicht überraschen. Das gleiche Ergebnis hat 1996 die TIMS-Studie erbracht,[3] die in der öffentlichen Diskussion jedoch nicht zur Kenntnis genommen wurde. In den Vereinigten Staaten erhielt die Studie dagegen große Aufmerksamkeit, weil die US-amerikanischen Schüler, ähnlich wie die deutschen, im Durchschnitt bestenfalls mittelmäßig abgeschnitten haben. Demgegenüber ist die erste PISA-Studie, die hierzulande die bildungspolitische Debatte ausgelöst hat, in den Vereinigten Staaten unbeachtet geblieben. Die unterschiedliche öffentliche Wahrnehmung der Befunde mag damit zusammenhängen, dass TIMSS von einem amerikanischen Konsortium geleitet wurde, während bei PISA die Organisation für wirtschaftliche Zusammenarbeit und Entwicklung (OECD) mit Sitz in Paris die Federführung hat.

Im Hinblick auf den Leistungsstand deutscher Schüler sind die Befunde der internationalen Vergleichsstudien eindeutig. „Bei den Zehnjährigen in den vierten Grundschulklassen ... liegen sämtliche Leistungen sehr wesentlich unter dem internationalen Durchschnitt. Bei den Achtzehnjährigen im letzten Jahrgang der Sekundarstufe II steht [Deutschland] am unteren Ende der Rangskala auf dem vorletzten Platz." „Nicht nur die ‚klassischen' Bildungsstaaten Frankreich, England oder Schweden liegen weit vor der Bundesrepublik; auch Länder wie Ungarn, Finnland, Schottland, Australien und Neuseeland übertreffen den Unterrichtserfolg hierzulande."[4] Die Zitate stammen weder aus der TIMS- noch aus der PISA-Studie, sondern aus einem Artikel in „Die Zeit" vom 20. September 1974, der sich mit den Be-

---

3 Vgl. TIMSS International Study Center (1996); TIMSS steht für „Third International Mathematics and Science Study".
4 Matthiesen (1974).

funden einer internationalen Vergleichsstudie der Schülerleistung aus dem Jahr 1971 befasst.

Internationale Vergleichsstudien zum Leistungsstand hat es auch in den folgenden Jahren gegeben, Deutschland hat bis zu TIMSS und PISA jedoch nicht daran teilgenommen. Vermutlich aus diesem Grund sind die wenig schmeichelhaften Befunde aus den frühen siebziger Jahren schnell in Vergessenheit geraten. Vielleicht sollten sich einige, die über den schwachen Leistungsstand deutscher Schüler klagen, daran erinnern, dass ihre Generation nicht besser abgeschnitten hat als die heutigen Schüler. Wenn aber ein relativ schlechtes Abschneiden im internationalen Vergleich zumindest für deutsche und amerikanische Schüler seit rund 30 Jahren keine Neuigkeit ist, ist der Zusammenhang zwischen der Qualität der schulischen Ausbildung und der langfristigen Leistungsfähigkeit einer Volkswirtschaft offenbar weniger eindeutig, als das in der öffentlichen Diskussion suggeriert wird.

Es ist vielleicht kein Zufall, dass die makroökonomische empirische Forschung in neueren Studien häufig zum Ergebnis gekommen ist, dass andere Faktoren als die schulische und die universitäre Ausbildung der Arbeitskräfte für die großen internationalen Einkommensunterschiede verantwortlich sein müssen. Wenn man sich nach diesen Befunden richtet, dürften wirtschaftspolitische Maßnahmen im Bildungssektor keinen wesentlichen Beitrag zum langfristigen Wachstum einer Volkswirtschaft leisten. Die aktuelle Debatte zu PISA wäre dann für eine effiziente Gestaltung des Bildungssektors bedeutend, hätte aber darüber hinaus keine gesamtwirtschaftliche Relevanz.

Die wissenschaftliche Diskussion verdeutlicht, dass verschiedene Aspekte der Zusammenhänge zwischen den TIMSS- und PISA-Ergebnissen sowie zwischen dem Ausbildungsstand der Arbeitskräfte und dem Wirtschaftswachstum weniger klar sind als vermutet. Als Ausgangspunkt für die folgenden Betrachtungen soll deshalb der derzeitige Stand der internationalen empirischen Forschung zur Rolle des Humankapitals nachgezeichnet werden. Neben den aktuellen makroökonomischen Befunden zur Rolle des Humankapitals, die alternative Interpretationen zulassen, geht es in einem weiteren Schritt um geeignete bildungspolitische Maßnahmen, mit denen die Bildungsqualität und damit mittelfristig der Ausbildungsstand der Arbeitskräfte verbessert werden kann. Die für viele Politiker nahe liegende Option besteht darin, die Ressourcenausstattung von Schulen zu erhöhen. Wissenschaftler kommen allerdings zu einem differenzierteren Befund, um es vorsichtig zu formulieren. Insgesamt gibt es wenige Belege dafür, dass höhere Bildungsausgaben, etwa in Form geringerer Klassengrößen, die Leistungen der Schüler verbessern können.

Eine weitergehende Option, die sicherlich nicht ohne Widerstand der betroffenen Interessengruppen durchzusetzen wäre, besteht darin, bei gleich bleibendem Ausgabenniveau die institutionellen Regeln des Schulsystems zu verändern. Aus ökonomischer Sicht sind unter Institutionen sozusagen die Spielregeln eines Systems zu verstehen. Zu den Institutionen des Systems Schule gehören beispielsweise Regelungen, wer über Budgets, Personal und Lehrpläne bestimmt und wie in den jeweiligen Bereichen kontrolliert wird. Unterschiedliche institutionelle Regelungen führen zu unterschiedlichen Verhaltensweisen der Beteiligten. Schulverwaltung, Lehrer und Schüler würden sich vermutlich in einem System mit zentralen Prüfungen und mit hoher Schulautonomie in Personalfragen mehr anstrengen und stärker auf Kostenersparnisse achten als in einem Zentralverwaltungssystem ohne Ergebnistransparenz. Und Eltern würden sich in einem leistungsorientierten Schulsystem vermutlich stärker um ihre Kinder kümmern als in einem Schulsystem, wo es sich bei fehlender Transparenz häufig mehr lohnt, auf informelle Einflussmöglichkeiten zu setzen. Deshalb ist denkbar, dass die Abhängigkeit der Schülerleistung vom Bildungsniveau der Eltern gerade in Schulsystemen ohne effektive Leistungskontrollen und Vergleichsmöglichkeiten zu Tage tritt.

In der aktuellen Diskussion spielen ökonomische Aspekte hinsichtlich der Verhaltensanreize bislang keine Rolle für die Überlegungen, wie der Leistungsstand deutscher Schüler verbessert werden könnte. Die Überlegungen beschränken sich in der Regel auf die Frage nach der Höhe der staatlichen Bildungsausgaben. Das weitgehende Ausblenden ökonomischer Zusammenhänge hat vielfach zu einem rein deskriptiven Diskurs geführt, bei dem eine klare Trennung von Ursache und Wirkung nicht erkennbar ist. So ist beispielsweise nicht einleuchtend, weshalb das gute Abschneiden der finnländischen Schüler bei PISA ein Beleg für die Überlegenheit des Gesamtschulsystems sein sollte – die Schüler aus Singapur besuchen ein Schulsystem, das mindestens so stark gegliedert ist wie das deutsche Schulsystem, liegen aber trotzdem bei internationalen Vergleichen regelmäßig vorn (Singapur hat bei TIMSS teilgenommen, nicht bei PISA). Ähnlich verhält es sich mit dem Argument, dass Ganztagsschulen eine wichtige Rolle für den Erfolg bei PISA spielen – Ganztagsschulen gibt es auch in einigen Ländern, die bei PISA sehr schlecht abgeschnitten haben. Und selbst wenn es eine enge Korrelation zwischen einer bestimmten Schulvariable und dem Abschneiden bei PISA gibt, folgt daraus nicht unmittelbar eine kausale Beziehung. Ansonsten müsste man wohl argumentieren, dass große Schulklassen, wie sie in asiatischen Ländern die Regel sind, die Ursache für das gute Abschneiden von Schülern aus diesen Ländern sind.

Die Argumente vernachlässigen das kleine Einmaleins der ökonomischen Analyse. Die Beteiligten eines wie auch immer definierten Systems reagieren auf die Anreize, die sie vorfinden. Bezüglich der TIMSS- und PISA-Ergebnisse heißt das, dass ein gegliedertes Schulsystem, ein Gesamtschul- oder ein Ganztagsschulsystem und die Klassengröße für sich genommen nichts damit zu tun haben, ob Eltern, Schulverwaltung, Lehrer und Schüler sich so verhalten, dass Leistungen gefördert und Kosten vermieden werden. Ein solches Verhalten scheint vielmehr von den Institutionen innerhalb eines Schulsystems abzuhängen und nicht so sehr von der finanziellen Ausstattung. Institutionelle Regelungen sind nicht nur auf der einzelwirtschaftlichen Ebene entscheidend, sie beeinflussen ebenso gesamtwirtschaftliche Zusammenhänge. Umgekehrt kann eine Reform des Schulsystems nicht isoliert betrachtet werden. Wenn beispielsweise institutionelle Regelungen der Sozial- und Arbeitsmarktpolitik verhindern, dass sich ein leistungsorientiertes Erwerbsverhalten für den Einzelnen lohnt, werden noch so wirkungsvolle Anreize im Schulsystem mittelfristig nicht die zu erwartenden Effekte zeigen können. Mit Hilfe bildungspolitischer Maßnahmen sind positive Wachstumseffekte für die Volkswirtschaft nur realisierbar, wenn die Anreizstrukturen für viele interdependente Verhaltensweisen positiv beeinflusst werden können. Allein aus diesem Grund scheint eine gewisse Skepsis gegenüber einer lediglich auf den zusätzlichen Mitteleinsatz zielenden Bildungspolitik angebracht zu sein. Institutionelle Reformen des Bildungssystems versprechen mehr Erfolg. Sie bedürfen jedoch ergänzender institutioneller Reformen in anderen Politikbereichen, um ihre Wachstums- und Wohlstandswirkungen voll entfalten zu können.

# 3 Stand der Forschung

## 3.1 Humankapital als Wachstumsmotor?

In der wachstumstheoretischen Literatur hat es in den letzten zwanzig Jahren eine Reihe von Beiträgen gegeben, die eine wichtige Rolle des Humankapitals für die Entwicklung einer Volkswirtschaft postulieren. Theoretische Schlüssigkeit ist die Grundvoraussetzung für die Formulierung wirtschaftspolitischer Maßnahmen, aber hinzukommen muss die empirische Relevanz der aus Modellen abgeleiteten Zusammenhänge. Deshalb wurde ein Verfahren entwickelt, mit dem das Gewicht des Humankapitals für das gesamtwirtschaftliche Entwicklungsniveau eines Landes ermittelt werden kann. Das Verfahren stützt sich auf frühere Konzepte der so genannten „Wachstumsbuchhaltung", die auf den Nobelpreisträger *Robert Solow* zurückgehen.

Der Bestand des Humankapitals wird meist als durchschnittliche Anzahl von Schuljahren der Arbeitskräfte empirisch bestimmt. Manche Studien lassen bezweifeln, ob der so gemessene Faktor Humankapital für die Erklärung internationaler Einkommens- und Wachstumsunterschiede wirklich entscheidend ist. Verschiedene Berechnungen führen zum überraschenden Ergebnis, dass internationale Unterschiede im Ausbildungsstand der Arbeitskräfte nur einen sehr kleinen Teil der internationalen Einkommensunterschiede erklären können. Nicht weiter spezifizierte „Technologieunterschiede" scheinen eine wesentlich wichtigere Ursache für das internationale Wohlstandsgefälle zu sein. Von einer Reform oder Ausweitung des Bildungssystems wären demnach keine Impulse für das Wirtschaftswachstum zu erwarten, selbst dann nicht, wenn bildungspolitische Maßnahmen den Ausbildungsstand der Arbeitskräfte tatsächlich verbessern würden.

Eine solche Schlussfolgerung widerspricht fast allen wirtschaftspolitischen Programmen, die von Regierungen in Industrie- und Entwicklungsländern sowie von multilateralen Organisationen wie der Weltbank und dem Internationalen Währungsfonds vertreten werden. Deshalb verdient die Frage nähere Betrachtung, warum dem Faktor Bildung in einigen neueren Studien keine wichtige Rolle für die langfristige Entwicklung einer Volkswirtschaft zugeschrieben wird. Dabei sind ein theoretischer und ein empirischer Aspekt zu beachten.

*a)   Zur Unterscheidung von Technologie und Faktoreinsatz*
Untersuchungen zum Zusammenhang von Humankapital und Wirtschaftswachstum gehen von einer so genannten Produktionsfunktion aus. Sie beschreibt die Abhängigkeit des volkswirtschaftlichen Produktionsergebnisses (Volkseinkommen) vom Einsatz bestimmter Produktionsfaktoren. Einer der theoretisch vermuteten Produktionsfaktoren ist das volkswirtschaftliche Humankapital in Form des Ausbildungsstands der Arbeitskräfte. Andere Produktionsmittel sind der Sachkapitalbestand in Form von Gebäuden, Anlagen und Maschinen sowie die nicht weiter spezifizierte „Technologie", mit deren Hilfe die eingesetzten Mittel in ein Produkt verwandelt werden.

Mit Hilfe der Produktionsfunktion und einiger theoretischer Annahmen lässt sich das rechnerische Gewicht der Produktionsfaktoren an der Entstehung des Volkseinkommens bestimmen. Angenommen, in einer Volkswirtschaft entspreche die Summe der Ausgaben für die produzierten Güter und Dienstleistungen näherungsweise der Summe der Einnahmen, so kann man im einfachsten Fall die Produktionsfunktion als eine logarithmisch-lineare Gleichung darstellen:

*(1)*   $Y = T + a \cdot K + b \cdot H$

*mit $Y$ = Volkseinkommen, $T$ = Technologie, $K$ = Sachkapital und $H$ = Humankapital.*

Dabei können neben dem Einkommen das Sachkapital und das Humankapital als Pro-Kopf-Variablen gemessen werden. Der

Charme der Gleichung besteht darin, dass die Gewichtungsfaktoren *a* und *b* unter bestimmten theoretischen Annahmen (konstante Skalenerträge und vollständiger Wettbewerb) den jeweiligen Anteilen der beiden Produktionsfaktoren am Volkseinkommen, das heißt den Verteilungsquoten, entsprechen sollten. Der Anteil des Faktors Kapital am Volkseinkommen (Gewinnquote) beträgt in den meisten Ländern rund 30 Prozent. Da beide Verteilungsquoten zusammen 100 Prozent ergeben, folgt für den Anteil des Faktors Humankapital (Lohnquote) ein Wert von rund 70 Prozent. Wenn die Bestände von Sach- und Humankapital bekannt sind, lässt sich mit Hilfe der beobachteten Verteilungsquoten ihr jeweiliges Gewicht für eine Erklärung des Einkommens bestimmen.

Auf indirektem Weg lässt sich mit dem Ansatz nach *Solow* bestimmen, welches rechnerische Gewicht dem Einsatzfaktor „Technologie" für eine Erklärung des volkswirtschaftlichen Einkommens zukommt. Der Faktor Technologie ist nicht direkt beobachtbar und wurde deshalb bislang in Anführungszeichen gesetzt. Mit Hilfe der Gleichung ist es jedoch möglich, den Beitrag des Faktors Technologie zur Entwicklung einer Volkswirtschaft als Residualgröße zu bestimmen, weil alle anderen Variablen und die beiden Gewichte *a* und *b* (die Verteilungsquoten) beobachtet werden können. Unter anderem für diese Einsicht hat *Robert Solow* seinen Nobelpreis erhalten.

Die Rechnung mit der Residualgröße Technologie verdeutlicht das Problem, das jeweilige Gewicht einzelner Produktionsfaktoren empirisch zu bestimmen. Die Ergebnisse hängen von der korrekten Messung der Faktorbestände ab. Da der Beitrag des Faktors Technologie als Restgröße dargestellt wird, gibt es keine Möglichkeit, die Plausibilität der Ergebnisse für den Beitrag der anderen Faktoren zu bestimmen. Wenn ein Faktorbestand über- oder unterschätzt wird, wird der ermittelte Beitrag des Faktors Technologie umgekehrt unter- bzw. überschätzt. Gerade beim Messen des Faktors Humankapital, also bei der Frage nach der Produktivität der Bildung, hinkt die empirische Forschung dem theoretischen Erkenntnisstand hinterher, so dass mit einer relativ großen Fehlermarge zu rechnen ist.

Darüber hinaus gibt es bei diesem Verfahren ein seit langem bekanntes, aber wenig diskutiertes theoretisches Problem: Die Ergebnisse hängen von der Modellierung des Faktors Technologie ab. Das gilt auch, wenn man, wie in der empirischen Forschung in diesem Bereich üblich, die einfachste Form einer Produktionsfunktion wählt, nämlich eine Cobb-Douglas-Produktionsfunktion. Gleichung (1) beruht etwa auf der Annahme, dass Technologie die Produktivität des Sach- und des Humankapitalbestands gleichermaßen erhöht. Deshalb hat der Faktor Technologie kein eigenes Gewicht bekommen. Aus der gewählten Modellierung folgt, dass ein Technologieschub die Kapitalintensität, also den Kapitaleinsatz je Arbeitseinheit, nicht ändern würde. Diese Technologieeigenschaft wird in der Literatur als Hicks-Neutralität bezeichnet. Von ihr wird in fast allen empirischen Analysen zur Wachstumsbuchhaltung ausgegangen, bei denen das Wirtschaftswachstum eines Landes innerhalb einer Periode analysiert wird.

Die Annahme einer Hicks-neutralen Technologie ist intuitiv plausibel, da sie eine klare Trennung zwischen Faktorbeständen einerseits und Technologie andererseits zulässt. Der Ansatz basiert aber auf einer statischen Produktionstheorie und nicht auf wachstumstheoretischen Überlegungen. Deshalb ist dieses Konzept weniger plausibel, wenn es darum geht, die internationalen Einkommensunterschiede zwischen Volkswirtschaften zu erklären. Wenn man davon ausgeht, dass die internationalen Einkommensunterschiede zu Beginn der Industriellen Revolution vernachlässigbar klein waren, sind die heutigen Einkommensunterschiede zwischen armen und reichen Ländern das Ergebnis eines international unterschiedlichen Wirtschaftswachstums in den letzten 200 Jahren. Deshalb lässt sich vermutlich am ehesten anhand der aktuellen internationalen Einkommensunterschiede studieren, welche Zusammenhänge zwischen dem Humankapital und dem langfristigen Wirtschaftswachstum bestehen. Ohne eine Theorie des langfristigen Wachstums lässt sich allerdings nichts erklären.

Das Lehrbuchmodell des langfristigen wirtschaftlichen Wachstums basiert ebenso auf einer Idee von *Robert Solow*. Sein Modell postuliert ein Wachstumsgleichgewicht, zu dem jede Volkswirtschaft strebt. Theoretisch ist ein Gleichgewicht nur möglich, wenn die Technologie keinen gleichmäßigen Einfluss auf die beiden Produktionsfaktoren Sach- und Humankapital hat. Vielmehr muss ein Technologieschub bei gegebenem Kapitalbestand Arbeitskräfte freisetzen, also zu steigender Kapitalintensität führen, um zum Zustand der Vollbeschäftigung zurückzukehren. Man spricht von arbeitsvermehrender oder Harrodneutraler Technologie; umgangssprachlich hat sich die Bezeichnung „arbeitssparender technischer Fortschritt" eingebürgert.

Im Spezialfall einer Cobb-Douglas-Produktionsfunktion spielt es aus wachstumstheoretischer Sicht keine Rolle, welche der beiden Technologie-Annahmen gewählt wird, da in beiden Fällen die Existenz eines Wachstumsgleichgewichts gewährleistet ist. Vermutlich deshalb hat die feinsinnige Unterscheidung zwischen Hicks-neutraler Technologie *(T)* und Harrod-neutraler Technologie *(T\*)* in theoretischen Debatten keine wesentliche Rolle gespielt. Die Interpretation des Einkommens als gewichtete Summe aus Faktoreinsatz und Technologie wird aber sehr wohl von der jeweiligen Technologieannahme beeinflusst, wie sich anhand einer Umformulierung von Gleichung (1) für die Annahme einer Harrod-neutralen Technologie zeigen lässt:

*(2)* $Y = a \cdot K + b \cdot H + b \cdot T^*$

Das unterschiedliche Gewicht des Faktors Technologie in den beiden Gleichungen wird sichtbar, wenn man die Gleichungen (1) und (2) jeweils nach dem Faktor Technologie auflöst:

*(3)* $T = Y - a \cdot K - b \cdot H,$

während

*(4)* $T^* = 1/b \cdot Y - a/b \cdot K - H,$

so dass

*(5)* $T = b \cdot T^*$

gilt. Das heißt, Technologie im Sinne von *Harrod (T\*)* erklärt per Definition stets einen größeren Teil des Einkommens als Technologie im Sinne von *Hicks (T)*.
Welche Technologieannahme richtig ist, lässt sich a priori nicht bestimmen. Die Wachstumstheorie würde die Annahme einer Harrod-neutralen Technologie nahe legen, aber im Spezialfall einer Cobb-Douglas-Produktionsfunktion ist auch die Annahme einer Hicks-neutralen Technologie mit einem Wachstumsgleichgewicht vereinbar. Diese Annahme hat in der angewandten Wirtschaftsforschung eine lange Tradition, vermutlich weil sie intuitiv plausibler erscheinen mag. Festzuhalten bleibt jedoch, dass man mit der Annahme einer Harrod-neutralen Technologie internationalen Unterschieden in der Faktorausstattung implizit ein geringeres Gewicht für die Erklärung von Einkommensunterschieden beimisst als mit der Annahme einer Hicks-neutralen Technologie. Deshalb kann es nicht überraschen, dass Studien, die eine Harrod-neutrale Technologie annehmen, internationale Technologieunterschiede als die dominierende Ursache des internationalen Wohlstandsgefälles identifizieren.

*b)* ***Empirische Bedeutung des Humankapitals***
Der gemessene Produktivitätsbeitrag der Bildung hängt davon ab, ob und wie die Variable Humankapital in eine empirisch zugängliche Messziffer übersetzt werden kann. Manche Autoren schlagen vor, den volkswirtschaftlichen Humankapitalbestand

mit Hilfe der „Mincer-Gleichung" zu bestimmen.[5] Danach wäre Humankapital das Produkt aus dem Faktor Arbeit und einem exponentiellen Effizienzparameter, der in Abhängigkeit von der Anzahl der durchschnittlichen Schuljahre und einer Ertragsrate auf die Schulausbildung bestimmt wird:

(6) $H = A \cdot e^{r \cdot S}$

*mit A = Arbeitskräfte, S = Schuljahre, r = Ertragsrate und $e^{r \cdot S}$ = Effizienzparameter.*

Diese Spezifikation, die sich aus relativ einfachen Gleichungen herleiten lässt, liefert eine überzeugende Möglichkeit, die Variable Humankapital empirisch zu erfassen. Schulische Ertragsraten sind in den letzten 20 Jahren für nahezu alle Länder geschätzt worden, und international vergleichbare Angaben über die durchschnittliche Anzahl der Schuljahre liegen ebenfalls vor.[6] Jüngste empirische Studien kamen mit verschiedenen Varianten dieses Ansatzes überwiegend zum Ergebnis, dass Humankapital in Form von formalen Ausbildungsjahren keine wesentliche Rolle für die Erklärung internationaler Einkommensunterschiede spielt.[7] Die internationale Varianz des gemessenen Humankapitalbestands trägt offenbar nur wenig dazu bei, die internationale Varianz der Durchschnittseinkommen aufzuklären.

Die Studien können aber konzeptionell nicht überzeugen. Neben diskussionswürdigen Details im Hinblick auf die Erfassung der Ertragsraten der schulischen Ausbildung ignorieren viele Studien die internationalen Unterschiede in der Qualität der schulischen Bildung. Wenn die, nicht erst seit PISA offen-

---

5   Siehe Mincer (1974).

6   Vgl. Psacharopoulos und Patrinos (2002) sowie Barro und Lee (2001).

7   Vgl. Klenow und Rodriguez-Clare (1997) sowie Hall und Jones (1999).

kundigen, internationalen Qualitätsunterschiede der schulischen Ausbildung nicht berücksichtigt werden, würde beispielsweise ein Schuljahr in Japan, Südkorea oder Finnland bei der Berechnung des Humankapitalbestands dasselbe Gewicht erhalten wie ein Schuljahr in einem beliebigen Entwicklungsland.

Die TIMS-Studie wie auch die jüngst veröffentlichte zweite PISA-Studie belegen demgegenüber, dass es bereits innerhalb der führenden OECD-Länder signifikante Unterschiede bei den Schülerleistungen in Mathematik und Naturwissenschaften gibt. Unterschiede in der Bildungsqualität könnten somit bei einer Berechnung des durchschnittlichen volkswirtschaftlichen Humankapitalbestands erheblich ins Gewicht fallen. Um solche Qualitätsunterschiede der Ausbildung zu berücksichtigen, könnte man die Anzahl der Schuljahre mit einem Qualitätsindex $Q$ multiplizieren, so dass

$$(7) \quad H = A \cdot e^{r \cdot (S \cdot Q)}$$

gilt. Dabei würde für ein Land mit $Q = 1$ die tatsächliche Anzahl der Schuljahre in die Berechnung einfließen, während in Ländern mit schlechteren oder besseren Schulen die Anzahl der Schuljahre entsprechend dem jeweiligen Wert des Qualitätsindexes gewichtet werden würde. *Hanushek* und *Kimko* haben auf Grundlage verschiedener internationaler Vergleichsstudien zur Schülerleistung einen solchen Index der Schulqualität ermittelt, der für die folgenden Berechnungen benutzt wurde.[8]

Tabelle 1 zeigt unter der Annahme einer Harrod-neutralen Technologie, wie hoch der statistische Beitrag der Variable Humankapital zur Erklärung internationaler Einkommensunterschiede in Abhängigkeit von verschiedenen empirischen Annahmen ist. Das zentrale Ergebnis der Studie von *Klenow* und *Rodriguez-Clare* lautet, dass internationale Humankapitalunterschiede lediglich elf Prozent der internationalen Einkommens-

---

8   Vgl. Hanushek und Kimko (2000).

unterschiede erklären können. Internationale Sachkapitalunterschiede erklären nach ihrem Befund 23 Prozent, so dass rund zwei Drittel der Einkommensunterschiede als internationale Technologieunterschiede interpretiert werden.[9]

**Die Bedeutung von Humankapital bei der Erklärung internationaler Einkommensunterschiede**
Stichprobe: 131 Länder, Erklärungsanteil der Faktoren in Prozent

| Schätzansatz ... | Humankapital | Sachkapital | Technologie |
|---|---|---|---|
| nach Klenow und Rodriguez-Clare (1997) | 11 | 23 | 66 |
| nach Hall und Jones (1999) | 22 | 19 | 59 |
| mit Berücksichtigung länderspezifischer sozialer Ertragsraten | 20 | 19 | 60 |
| mit durchschnittlichen Ertragsraten der Bildung, unter Berücksichtigung länderspezifischer Bildungsqualität | 46 | 19 | 35 |

Tabelle 1
Basierend auf Gundlach et al. (2002)

Der Erklärungsanteil des Faktors Humankapital verdoppelt sich, wenn die Produktions- und die Humankapitalfunktion wie bei *Hall* und *Jones* spezifiziert werden und ein aktualisierter Datensatz benutzt wird. Aber auch hier dominieren internationale

---

9 Vgl. Klenow und Rodriguez-Clare (1997).

Technologieunterschiede die Varianz der internationalen Pro-Kopf-Einkommen.[10] Werden beim empirischen Messen des Humankapitals – bei gleicher Methodik und Stichprobe von Ländern – konzeptionelle Verbesserungen im Hinblick auf die Erfassung der Ertragsrate vorgenommen, erhält man zunächst keine wesentlich anderen Ergebnisse. Falls allerdings die internationalen Unterschiede in der Qualität der schulischen Ausbildung berücksichtigt werden, steigt der Erklärungsgehalt der Variable Humankapital auf 46 Prozent an, so dass der Erklärungsanteil der Technologie (als Restgröße) auf 35 Prozent fällt.

Die alternativen Berechnungen zeigen, dass der Versuch, die Relevanz des Faktors Humankapital für die Erklärung internationaler Einkommensunterschiede mit den gängigen Methoden zu bestimmen, einem Stochern im Nebel gleicht. Neben der Modellierung der Humankapitalgleichung und der Berücksichtigung möglichst vieler länderspezifischer empirischer Fakten spielt nicht zuletzt die Technologieannahme eine große Rolle für die Ergebnisse. Bei Harrod-neutraler Technologie ist der Beitrag des Faktors Humankapital für sich genommen in der hier gewählten Spezifikation größer als bei Hicks-neutraler Technologie. Umgekehrt ist der gemeinsame Beitrag von Sach- und Humankapital bei Hicks-neutraler Technologie größer als bei Harrod-neutraler Technologie. Die empirische Forschung hat hier das Ende einer Sackgasse erreicht: Da Technologie und Faktorbestand nicht unabhängig voneinander beobachtet werden können, kann die Relevanz der jeweiligen Technologieannahme aus empirischer Sicht nicht beurteilt werden. Diese Einsicht ist nicht neu, wird aber in der empirischen Literatur nicht in den Mittelpunkt gestellt.

Um trotzdem zu einem Ergebnis zu kommen, kann man die Methode der Wachstumsbuchhaltung auf eine Gruppe von Ländern beschränken, bei denen keine substanziellen Technologieunterschiede zu vermuten sind. Für die OECD-Länder

---

10  Vgl. Hall und Jones (1999).

könnte eine solche Annahme zulässig sein. Alle OECD-Länder sind marktwirtschaftlich organisierte Volkswirtschaften, die relativ offen gegenüber der internationalen Mobilität von Gütern, Kapital und Technologie sind. Wenn die Technologieunterschiede zwischen diesen Ländern gering sind, sollte es zumindest möglich sein, das jeweilige Gewicht von Sach- und Humankapital für diese Stichprobe zu bestimmen. Unterschiedliche Faktorintensitäten könnten als Punkte auf einer gemeinsamen Produktionsfunktion interpretiert werden, während bei Technologieunterschieden von unterschiedlichen Produktionsfunktionen auszugehen wäre.

**Die Bedeutung von Humankapital bei der Erklärung internationaler Einkommensunterschiede**
Stichprobe: 23 OECD-Länder, Erklärungsanteil der Faktoren in Prozent

| Schätzansatz ... | Humankapital | Sachkapital | Technologie |
|---|---|---|---|
| nach Hall und Jones (1999) | 44 | 15 | 41 |
| mit Berücksichtigung länderspezifischer sozialer Ertragsraten | 52 | 15 | 34 |
| mit durchschnittlichen Ertragsraten der Bildung, unter Berücksichtigung länderspezifischer Bildungsqualität | 98 | 15 | -13 |
| Tabelle 2 Basierend auf Gundlach et al. (2002) | | | |

Wiederholt man in Tabelle 2 die Berechnungen für eine Stichprobe von 23 OECD-Ländern, wird das Ergebnis bestätigt, dass die Technologiekomponente für eine Erklärung der Einkommensunterschiede eine wesentlich geringere Rolle spielt als für die gesamte Stichprobe von 131 Ländern. Wenn Unterschiede in der Qualität der schulischen Ausbildung berücksichtigt werden, lässt sich die Varianz der Einkommen zwischen den OECD-Ländern vollständig mit Hilfe der Varianz der Humankapitalbestände erklären, was im Zusammenhang mit dem Beitrag der Sachkapitalunterschiede einen (unplausiblen) negativen Beitrag des Faktors Technologie impliziert.

Mit Hilfe der Methode der Wachstumsbuchhaltung lässt sich also keine Gewissheit über die makroökonomische Rolle des Humankapitals gewinnen. Nicht zuletzt muss die Frage nach der Richtung der Kausalität unbeantwortet bleiben. Mehr als zweifelhaft ist jedoch, ob der Faktor Humankapital wirklich eine so geringe Rolle spielt, wie das manche Studien suggerieren. Offenkundig besteht eine enge Korrelation zwischen dem hier benutzten Humankapitalkonzept und dem Entwicklungsniveau einer Volkswirtschaft. Zumindest im statistischen Sinne kann ein großer Teil der internationalen Einkommensunterschiede aufgeklärt werden, wenn neben der Dauer der Schulausbildung vor allem Unterschiede in der Qualität der Schulausbildung berücksichtigt werden. Die Frage für die Wachstums- und die Bildungspolitik lautet demnach, ob die Entwicklung einer Volkswirtschaft durch höhere Bildungsausgaben, die auf eine Verbesserung der Bildungsqualität zielen, gefördert werden kann.

### 3.2 Der fehlende Zusammenhang von Bildungsausgaben und Bildungsqualität

Der Zusammenhang zwischen der Höhe der Bildungsausgaben und der Qualität der Bildungsergebnisse lässt sich ebenfalls mit Hilfe einer Produktionsfunktion untersuchen. Hier stehen aber keine gesamtwirtschaftlichen Zusammenhänge im Mittelpunkt, sondern die Beziehung zwischen dem Ressourceneinsatz und dem Produktionsergebnis in einem Teilbereich der Volkswirtschaft: dem Bildungssektor. Es geht um die Frage, ob und wie das Bildungsergebnis in Form des durchschnittlichen Leistungsstands der Schüler von verschiedenen Bildungsfaktoren, etwa der Anzahl und der Qualifikation der Lehrer oder der Ausstattung der Schulen mit Unterrichtsmaterial, beeinflusst werden kann. Das Konzept der Produktionsfunktion hilft zu verstehen, warum die Antwort auf diese Frage in Abhängigkeit von der jeweiligen Ausgangssituation unterschiedlich ausfallen kann.

Hinter dem Konzept der Produktionsfunktion steht die nahe liegende Idee, dass man zusätzliche Ressourcen benötigt, wenn man das Produktionsergebnis verbessern will. Die mit einem bestimmten Ressourceneinsatz zu erzielende Verbesserung des Produktionsergebnisses fällt dabei vermutlich umso kleiner aus, je mehr Ressourcen bereits eingesetzt wurden. Diese Eigenschaft bezeichnen Ökonomen als das „Gesetz vom abnehmenden Ertragszuwachs". Dabei handelt es sich nicht um ein Naturgesetz, sondern um eine Hypothese, deren Plausibilität sich am Beispiel der Produktion von Pfannkuchen verdeutlichen lässt. Die Qualität eines Pfannkuchens hängt von einem bestimmten Verhältnis der Zutaten Mehl, Milch, Eier, Salz und Zucker ab. Gewisse Variationen im Verhältnis der Zutaten untereinander sind denkbar, aber es ist schwer vorstellbar, dass man die Pfannkuchenproduktion mit einem höheren Anteil einer einzelnen Zutat wesentlich vergrößern könnte, ohne Einbußen bei der Qualität zu erleiden.

Übertragen auf den Bildungssektor bedeutet das, dass der durchschnittliche Leistungsstand der Schüler nicht nur von der Höhe bestimmter Bildungsausgaben abhängen wird. Er hängt vor allem davon ab, welche Anreize es innerhalb des Bildungssystems für Schüler, Lehrer, Schulverwaltung und Eltern gibt, sich leistungsfördernd und kostensparend zu verhalten. Höhere Bildungsausgaben dürften also je nach Gesamtzusammenhang unterschiedlich auf die durchschnittliche Schülerleistung wirken.

Wenn man beispielsweise ein Bildungssystem betrachtet, das sich in einer demokratischen Gesellschaft über längere Zeit entwickelt und von daher einen gewissen Interessenausgleich zwischen Schülern, Lehrern, Schulverwaltung und Eltern erreicht hat, kann man nicht erwarten, dass mit einer einzelnen Bildungsmaßnahme ein wesentlicher Effekt erzielt werden kann. Anders dürfte es aussehen, wenn ein Bildungssystem von der herrschenden Regierung dazu benutzt wird, bestimmte Teile der Bevölkerung zu benachteiligen. In einem solchen Fall würde man vermuten, dass ein Regimewechsel und eine damit einhergehende Erhöhung der Bildungsausgaben für vorher benachteiligte Gruppen den durchschnittlichen Leistungsstand der betroffenen Schüler verbessern. In der Realität wird man diese beiden Extremfälle nicht vorfinden, aber für viele Industrieländer dürfte die erste Beschreibung nicht völlig abwegig sein, und für einige Entwicklungsländer mag die zweite Beschreibung zumindest ansatzweise relevant sein, wie das Beispiel Südafrikas unter dem Apartheid-Regime belegt.

*a)   Befunde aus Querschnittsvergleichen*
Während des Apartheid-Regimes herrschte in Südafrikas Schulsystem extreme Ungleichheit zwischen den Klassengrößen für weiße und schwarze Kinder. In den Klassen für weiße Schüler kamen teilweise nur 20 Kinder auf einen Lehrer, während die Klassen für schwarze Kinder teilweise aus 80 Schülern bestanden. Diese extremen Unterschiede in den Bildungsausgaben gingen mit systematischen Unterschieden im Leistungsstand der Schüler einher, wie in einer Studie gezeigt wurde.[11] Gleichzeitig zeigt die Studie aber, dass der systematische Zusammenhang zwischen kleineren Klassen und besserer Schülerleistung nicht verallgemeinert werden kann. Innerhalb der Gruppe der weißen Schüler konnte nämlich kein Zusammenhang zwischen Klassengröße und Schülerleistung festgestellt werden.

---

11   Siehe Case und Deaton (1999).

Der Befund für Südafrika ist doppelt bemerkenswert. Zum einen belegt er, dass höhere Bildungsausgaben in Form kleinerer Schulklassen in der Tat die Schülerleistung verbessern können. Zum anderen zeigt er aber, dass bei einem Ausgangsniveau mit durchschnittlichen Klassengrößen von 20 Schülern je Lehrer nicht zu erwarten ist, dass weiter sinkende Klassengrößen den Leistungsstand der Schüler verbessern könnten. Somit bestätigt das Beispiel Südafrikas das Gesetz vom abnehmenden Ertragszuwachs: Höhere Bildungsausgaben in Form kleinerer Klassen können den durchschnittlichen Leistungsstand der Schüler verbessern, ab einer bestimmten Klassengröße sind jedoch von weiter sinkenden Schülerzahlen je Klasse keine weiteren substanziellen Leistungseffekte zu erwarten. Diese Einsicht ist vor allem bemerkenswert, weil die meisten Industrieländer relativ kleine durchschnittliche Klassengrößen von 15 bis 20 Schülern je Lehrer aufweisen. Der Befund von Südafrika würde nahe legen, dass noch kleinere Klassen in diesen Ländern nicht unbedingt zu besseren Schülerleistungen führen würden.

Anders als in den europäischen Industrieländern, wo die ökonomische empirische Bildungsforschung in der Vergangenheit ein Schattendasein gefristet hat, ist in den Vereinigten Staaten in vielen Studien detailliert untersucht worden, ob kleinere Klassengrößen und andere Bildungsmaßnahmen zu besseren Schülerleistungen führen. Dabei wurde auf Basis individueller Schülerdaten untersucht, wie der Leistungsstand in verschiedenen Fächern von unterschiedlichen Bildungsressourcen abhängt. Von Bildungsressourcen wie der Klassengröße, der Qualifikation der Lehrer sowie der Ausstattung der Schule mit Räumen und Sachmitteln könnte man einen positiven Einfluss auf die Schülerleistungen erwarten. Die empirischen Ergebnisse deuten jedoch darauf hin, dass es im Mittel keinen Zusammenhang zwischen der Höhe der Ausgaben für diese Bildungsmittel und dem jeweiligen Leistungsstand der Schüler gegeben hat.[12]

---

12  Vgl. Harbison und Hanushek (1992).

Beispielsweise finden über 80 Prozent von 152 berücksichtigten Studien keinen Zusammenhang zwischen dem Leistungsstand der Schüler und dem Lehrer-Schüler-Verhältnis; und bei den wenigen Studien, die einen statistisch signifikanten Zusammenhang finden, halten sich die positiven und die negativen Ergebnisse in etwa die Waage. Für die anderen Bildungsressourcen gilt ein ähnliches Bild. In den Vereinigten Staaten spricht also wenig für die Idee, mit höheren Ausgaben für ausgewählte Bildungsressourcen bessere Schülerleistungen erreichen zu können.

Abgesehen von gewissen methodischen Einwänden gegen die Interpretation der Ergebnisse könnte man argumentieren, dass die Höhe der Bildungsausgaben nicht unabhängig vom jeweiligen Leistungsstand der Schüler betrachtet werden kann. Beispielsweise könnte die Verwaltung einer Schule zusätzliche Bildungsressourcen einsetzen, um besonders schlechte Schüler zu fördern. Wenn sich alle Schulverwaltungen so verhielten, würde man im Durchschnitt feststellen, dass hohe Bildungsausgaben mit schlechten Schülerleistungen einhergehen. Oder die Schulverwaltung könnte zusätzliche Bildungsressourcen einsetzen, um besonders gute Schüler zu fördern, so dass hohe Bildungsausgaben mit guten Schülerleistungen einhergehen würden. Wenn beide Fördermotive eine Rolle spielen, kann nicht überraschen, dass manche Studien je nach Auswahl der Stichprobe einen negativen und manche einen positiven Effekt der Bildungsausgaben auf die Schülerleistung beobachten, während sich bei den meisten Studien auf Grund der gegenläufigen Wirkungen kein gesicherter Zusammenhang zwischen Bildungsausgaben und Schülerleistung ergibt.

Um den Effekt der Bildungsausgaben auf die Schülerleistung ermitteln zu können, müsste man die umgekehrte Abhängigkeit der Bildungsausgaben von der Schülerleistung ausschließen können. Zu diesem Zweck wurde in den Vereinigten Staaten Mitte der 1980er Jahre das „Project STAR" (Student-Teacher Achievement Ratio) durchgeführt. Im US-Bundesstaat Tennessee wurden Schüler und Lehrer per Zufallsprinzip auf Klassen mit unterschiedlicher Größe verteilt, und zwar für die vier Ausbildungsjahre vom letzten Kindergartenjahr bis zur dritten Klasse. Zwischen 6 000 und 7 000 Schüler an ursprünglich 79 Schulen nahmen am Experiment teil. Die Schüler wurden auf drei Arten von Klassen verteilt: kleine Klassen mit 13 bis 17 Schülern, normale Klassen mit 22 bis 25 Schülern und normale Klassen mit einem zusätzlichen Vollzeit-Lehrer. Vorgesehen war, dass die Schüler während der gesamten Laufzeit des Projekts in den zugewiesenen Klassen verbleiben sollten. Nach dem Ende der dritten Klasse wurden alle Schüler in Klassen mit normaler Größe eingegliedert.

Im Prinzip lassen sich aus diesem Projekt wesentliche Einsichten zum Zusammenhang zwischen Klassengröße und Schülerleistung gewinnen. Da die Bildungsressourcen nicht in Abhängigkeit vom Leistungsstand der Schüler, sondern zufällig verteilt wurden, können die Leistungen der Schüler in den kleinen Klassen mit den Leistungen der Schüler in den normalen Klassen direkt verglichen werden. So wurde berichtet, dass Schüler in den kleineren Klassen im ersten Jahr ihrer Ausbildung (Kindergarten) bessere Leistungen in Mathematik, beim Lesen und bei der Worterkennung vorweisen konnten als die Schüler in den größeren Klassen. Für die folgenden drei Jahrgänge wurde allerdings keine weitere Zunahme der Leistungsunterschiede zwischen großen und kleinen Klassen beobachtet. Zwischen den Schülern in normalen Klassen mit und ohne einen zusätzlichen Lehrer konnten ebenfalls keine Leistungsunterschiede festgestellt werden. Die Qualifikation der Lehrer hinsichtlich ihrer Berufserfahrung und ihrer formalen Ausbildung hatte nach den Ergebnissen des „Project STAR" ebenfalls keinen Einfluss auf den Leistungsstand der Schüler.

Wie bei sozio-ökonomischen Experimenten üblich, sind die Bedingungen in der Praxis nicht vollständig eingehalten worden. Viele Kinder haben beispielsweise erst ab dem ersten Schuljahr am „Project STAR" teilgenommen, so dass kein Vergleich hinsichtlich ihres vorschulischen Leistungsstands möglich war.

Etwa zehn Prozent der Kinder innerhalb eines jeden Jahrgangs haben die ihnen zugewiesene Schulklasse gewechselt, was in der Regel nicht zufällig motiviert, sondern auf Betreiben der Eltern geschah. Darüber hinaus variierten die Klassengrößen stärker als geplant, von elf bis 20 Schülern bei den kleinen Klassen und von 15 bis 30 Schülern bei den großen Klassen. Insgesamt betrachtet verblieben nur weniger als die Hälfte der Kinder, die von Anfang an am Experiment beteiligt waren, in den ihnen ursprünglich zugewiesenen Klassen. Die Abweichungen von idealen experimentellen Bedingungen erschweren die Interpretation der Ergebnisse, da die Zufälligkeit der Verteilung der Schüler und der Bildungsressourcen auf die jeweiligen Klassengrößen nicht gewährleistet ist.[13]

Bevor die Ergebnisse des „Project STAR" als Beleg für einen positiven Effekt höherer Bildungsausgaben auf die Schülerleistung interpretiert werden können, verdienen einige grundsätzliche Argumente Beachtung. Problematisch ist etwa, dass die Auswahl der teilnehmenden Schulen nicht zufällig war. Wenn man davon ausgeht, dass gut funktionierende Schulen eher bereit und in der Lage sein werden, an einem Experiment wie „Project STAR" teilzunehmen, dürften solche Schulen im Vergleich zu ihrer tatsächlichen Häufigkeit im Schulsystem überrepräsentiert sein. Dies könnte die Ergebnisse zu Gunsten eines positiven Zusammenhangs zwischen Bildungsausgaben und Schülerleistung verzerren. Zudem wussten die Teilnehmer an „Project STAR" von Anfang an, dass ihr Verhalten im Experiment Auswirkungen auf die zukünftige Verteilung von Bildungsressourcen haben könnte. Danach wäre insbesondere das Verhalten von Schulverwaltungen und Lehrern, aber auch das Verhalten von Schülern anders, als es sonst der Fall gewesen wäre.

---

13 Dennoch konnte Alan Krueger in seiner viel beachteten Studie, in der er mit aufwändigen methodischen Verfahren zumindest einige der Probleme berücksichtigt hat, die Ergebnisse weitgehend bestätigen; siehe Krueger (1999).

Schließlich sollte berücksichtigt werden, dass eine Verringerung der Klassengröße um ein Drittel nötig war, um einen positiven Leistungseffekt zu erzielen, der wiederum auf das erste Ausbildungsjahr beschränkt blieb. Da Personalkosten den größten Anteil der Bildungsausgaben ausmachen, wäre eine Erhöhung des Bildungsetats um etwa ein Drittel nötig. Eine solche Größenordnung steht zumindest derzeit in der Bildungspolitik nicht zur Debatte; geringere Verkleinerungen der Klassengröße führen aber auch nur zu geringeren Leistungseffekten bei den Schülern. Wenn man zudem berücksichtigt, dass die Leistungsunterschiede in den folgenden drei Ausbildungsjahren trotz weiter bestehender Unterschiede in der Klassengröße nicht weiter zugenommen haben und dass sich die Verringerung der Klassengröße in Form eines zusätzlichen Lehrers überhaupt nicht positiv bemerkbar gemacht hat, ist man nicht weit entfernt vom Befund eines fehlenden Zusammenhangs zwischen Bildungsausgaben und Schülerleistung.

Neben den empirischen Analysen auf Basis von Individualdaten besteht die Möglichkeit, den Zusammenhang zwischen Bildungsausgaben und Schülerleistung im internationalen Vergleich zu untersuchen. Ein solches Vorgehen hat den Vorteil, dass der vermutete Zusammenhang von der wechselseitigen Kausalität zwischen Bildungsausgaben und Schülerleistung nicht beeinflusst werden kann. Im internationalen Vergleich kann die Problematik nicht auftauchen, denn Bildungsausgaben werden nur auf nationaler Ebene verteilt: Wenn die Schüler eines Landes im Durchschnitt deutlich besser oder schlechter abschneiden als die Schüler der anderen Länder, folgt daraus nicht, dass sie von eben diesen anderen Ländern höhere Bildungsmittel erhalten würden. Wenn der durchschnittliche Schüler eines armen Landes also in etwa über die gleichen angeborenen Fähigkeiten verfügt wie der durchschnittliche Schüler eines reichen Landes, müssten die internationalen Unterschiede in der Höhe der Bildungsausgaben mit entsprechenden internationalen Unterschieden im Leistungsstand der Schüler einhergehen – wenn ein direkter Zusammenhang zwischen Bildungsausgaben und Schülerleistung bestünde. In den TIMSS-Teilnehmerländern kann kein Zusammenhang zwischen der Höhe der Bildungsausgaben je Schüler in der Klassenstufe 7–8 und dem durchschnittlichen Abschneiden der Schüler bei Tests in Mathematik und Naturwissenschaften festgestellt werden.[14] So haben Schüler aus Singapur, Südkorea und Japan am besten abgeschnitten (Finnland hat nicht teilgenommen), liegen aber bei den Bildungsausgaben je Schüler eher im unteren Mittelfeld. Sowohl die Schüler aus Thailand als auch die Schüler aus der Schweiz haben mittelmäßig abgeschnitten, trotz enormer Unterschiede bei den Bildungsausgaben. Deutschland nimmt sowohl bei der Schülerleistung als auch bei den Bildungsausgaben einen Platz im Mittelfeld ein, und Dänemark ist bei ebenfalls mittelmäßiger Schülerleistung Spitzenreiter bei den Bildungsausgaben. Wenn man die These eines positiven Zusammenhangs zwischen Bildungsausgaben und Schülerleistung aufrechterhalten wollte, müsste man also unterstellen, dass deutsche und dänische Schüler bei den angeborenen Fähigkeiten weit hinter den asiatischen Schülern liegen. Wenn man dagegen annimmt, dass es keine wesentlichen Unterschiede in den angeborenen Fähigkeiten der Schüler über die Länder hinweg gibt, lässt sich nicht auf einen Zusammenhang zwischen Bildungsausgaben und Schülerleistung schließen.

Diese Ergebnisse sollten nicht überinterpretiert werden, da es sich um eine Momentaufnahme handelt. Allerdings haben die beiden PISA-Studien die mit TIMSS ermittelten internationalen Unterschiede im Leistungsstand der Schüler weitgehend bestätigt, nicht nur in Mathematik und Naturwissenschaften, sondern auch in der Lesefähigkeit. Problematisch bei TIMSS ist hauptsächlich die Umrechnung der nationalen Bildungsausgaben in eine einheitliche Währung. Es wurden dafür so genannte „Kaufkraftparitäten-Wechselkurse" benutzt, die sich aus einem Ver-

---

14   Vgl. Wößmann (2002).

gleich der nationalen Preisindizes für einen einheitlichen Korb von Gütern und Dienstleistungen ergeben. Diese Methode bietet gegenüber der Umrechnung mit aktuellen Wechselkursen den Vorteil einer geringeren Schwankungsbreite: Die Wechselkurse vieler Währungen variieren innerhalb eines Jahres in der Regel wesentlich stärker als die Kaufkraftparitäten. Allerdings werden bei der Kaufkraftparitäten-Methode die „wahren" internationalen Unterschiede in den Bildungsausgaben vermutlich überschätzt, weil Dienstleistungen, und dazu gehört auch die schulische Ausbildung, in reichen Ländern grundsätzlich teurer sind als in armen Ländern. Um diesen Berechnungsfehler zu vermeiden, müsste man einen speziellen Umrechnungskurs für Dienstleistungen oder, noch besser, einen für schulische Dienstleistungen verwenden, der aber nicht verfügbar ist. Festzuhalten bleibt jedoch, dass sich auf Grund der TIMSS-Daten auch bei geringerer internationaler Varianz der Bildungsausgaben kein systematischer Zusammenhang mit dem durchschnittlichen Leistungsstand der Schüler ergeben würde.

Vergleicht man die durchschnittlichen Klassengrößen mit den internationalen Unterschieden im Leistungsstand der Schüler, vermeidet man die problematische Umrechnung in eine einheitliche Währung. Gleichzeitig ignoriert man aber mögliche Unterschiede in der Qualifikation der Lehrer, die bei Ausgabenvergleichen zumindest tendenziell über die Gehaltsunterschiede erfasst werden. Diese Methode verdeutlicht, dass es im internationalen Vergleich keinen systematischen Zusammenhang zwischen der Klassengröße (Schüler-Lehrer-Verhältnis) und der Schülerleistung gibt.[15] Offenbar lernen die Schüler in Singapur, Südkorea und Hongkong, die bei TIMSS mit am besten abgeschnitten haben, ebenso in überdurchschnittlich großen Klassen wie die Schüler im Iran, in Kolumbien und Südafrika, die mit am schlechtesten abgeschnitten haben. Deutschland liegt auch hier im Mittelfeld.

---

15  Vgl. TIMSS und UNESCO.

Anhand der verfügbaren Querschnittsdaten lässt sich somit kaum belegen, dass weitere Ausgabensteigerungen für Bildung in den Industrieländern zu einer nachhaltig besseren Schülerleistung führen würden. Dies gilt unabhängig davon, ob Individualdaten, quasi-experimentelle Daten oder aggregierte internationale Daten betrachtet werden. Wie der nächste Abschnitt zeigt, wird diese Schlussfolgerung durch den Befund für die zeitliche Entwicklung der Bildungsausgaben und der Schülerleistung innerhalb einzelner Länder gestützt.

*b) Befunde aus zeitlicher Perspektive*

Die produktionstheoretischen Zusammenhänge legen nahe, dass alle Ressourcen bei optimalem Einsatz einen gleich hohen Grenzbeitrag zum Produktionsergebnis beisteuern müssten. Einfacher lässt sich diese theoretische Prämisse in etwa so formulieren: Bei optimalem Ressourceneinsatz wird jede Ressource genau in dem Maße eingesetzt, wie es für die Qualität des Produkts erforderlich ist. Für eine optimale Pfannkuchenproduktion benutzt man ein relativ fest vorgegebenes Einsatzverhältnis von Milch, Mehl, Eiern, Salz und Zucker, so dass die letzte verwendete Einheit jeder dieser Zutaten für den Pfannkuchen gleich wichtig ist – das ist mit „gleich hohem Grenzbeitrag" der Ressourcen gemeint. Übertragen auf den Bildungssektor dürfte man also vermuten, dass der Grenzbeitrag aller eingesetzten Bildungsmittel zum Bildungsergebnis in etwa gleich hoch ist.

Empirische Untersuchungen für die Vereinigten Staaten und für einzelne Entwicklungsländer kommen allerdings zu einem anderen Ergebnis. Danach wird relativ viel Geld für Bildungsmittel ausgegeben, die einen unmittelbaren Nutzen für Lehrer stiften, während relativ wenig Geld für Bildungsmittel ausgegeben wird, die einen unmittelbaren Nutzen für den Leistungsstand der Schüler stiften.[16] Dieser Befund deutet auf Inef-

---

16 Siehe zum Beispiel Hanushek (1998) sowie Pritchett und Filmer (1999).

fizienzen in den Schulsystemen hin. Da die theoretische Prämisse in den untersuchten Schulsystemen nicht annähernd erfüllt wird, kann man daraus schließen, dass die Bildungsausgaben nicht optimal eingesetzt werden. Wenn aber das Schulsystem eines Landes die Bildungsressourcen nicht optimal einsetzt, ist nicht zu erwarten, dass es in der Lage sein könnte, zusätzliche Bildungsausgaben produktiv einzusetzen. Für eine Reihe von Ländern lässt sich belegen, dass die Bildungsausgaben teilweise drastisch gestiegen sind, ohne dass sich am durchschnittlichen Leistungsstand der Schüler wesentlich etwas geändert hätte.

Wie andere Dienstleistungsbereiche auch, gehören Schulen zu denjenigen Bereichen einer Volkswirtschaft, die grundsätzlich keinen großen Produktivitätsfortschritt erzielen können, also eine eher stagnierende Produktivität aufweisen. Ähnlich wie das Aufführen einer Symphonie oder das Haareschneiden, ist das Lehren in der Schule arbeitsintensiv und bietet kaum Möglichkeiten, Arbeit durch Kapital zu ersetzen. Eine Symphonie im mp3-Format mag noch als Beispiel für eine Faktorsubstitution gelten (Puristen sehen das sicher anders), aber eine programmierbare Haarschneidemaschine für den Hausgebrauch hat sich bislang nicht durchsetzen können. Ob das Internet zukünftig in ernsthafte Konkurrenz zum Lehren von Lesen, Schreiben und Rechnen in der Schule treten kann, bleibt abzuwarten. Die Vermittlung und die Aneignung von Basiswissen dauern heute mit und ohne Internet vermutlich ebenso lange wie vor 25 oder 100 Jahren. Weder beim Aufführen von Symphonien noch beim Haareschneiden, noch beim Lehren in den Schulen scheinen neue Technologien einen stetigen Anstieg der Produktivität ermöglicht zu haben.

Wenn Schulen im Durchschnitt keinen oder nur einen wesentlich langsameren Produktivitätsanstieg vorweisen können als etwa die Branchen des verarbeitenden Gewerbes, müsste sich ihr Produkt kontinuierlich verteuern. Ökonomen sprechen in dem Zusammenhang von der Kostenkrankheit der Dienstleistungen. Da es bei vielen Dienstleistungen keinen Produktivitätsfortschritt gibt, steigen die Produktionskosten einer Dienstleistungseinheit im Vergleich zu den Produktionskosten industriell erzeugter Güter: Konzertkarten werden im Vergleich zu CDs teurer, und die beim Friseurbesuch gelesene Illustrierte wird im Vergleich zum Haareschneiden billiger. Von daher ist zu erwarten, dass die Ausgaben für das Produkt des Dienstleistungsbereichs Schule bei gleicher Qualität kontinuierlich steigen werden.

Als Produkt des Dienstleistungsbereichs Schule wird hier ein Schüler mit gegebenem Leistungsstand betrachtet. Wenn man davon ausgeht, dass sich der durchschnittliche Leistungsstand der Schüler über die Zeit hinweg nicht wesentlich verändert, sollten in einem effizienten Bildungssystem die um den allgemeinen Preisanstieg bereinigten Bildungsausgaben je Schüler etwa so zunehmen wie die gesamtwirtschaftliche Produktivität.[17]

Das Schaubild zeigt für eine Reihe von EU-Ländern und die Vereinigten Staaten die Zunahme der staatlichen Bildungsausgaben und den Anstieg der gesamtwirtschaftlichen Arbeitsproduktivität. Die realen staatlichen Ausgaben je Schüler haben sich in Großbritannien und Deutschland von 1970 bis 1994 mehr als verdoppelt bzw. fast verdreifacht, in Frankreich und in Italien haben sie sich im gleichen Zeitraum mehr als verdreifacht. Solche Ausgabensteigerungen sind kaum mit der Hypothese einer konstanten Produktivität der schulischen Ausbildung zu vereinbaren. Aus theoretischer Sicht müsste der Anstieg der Bildungsausgaben je Schüler der gesamtwirtschaftlichen Veränderungsrate der Produktivität entsprechen, wenn die Produktivität der Schulen konstant geblieben wäre. Tatsächlich haben die Bildungsausgaben in den meisten Ländern mindestens doppelt so stark zugenommen wie die gesamtwirtschaftliche Arbeitsproduktivität. Demnach scheint die Produktivität der schulischen Ausbildung in diesen Ländern zum Teil drastisch gefallen zu sein, was als Beleg für ineffiziente Schulsysteme gelten kann.

---

17 Zu den Einzelheiten der zu Grunde liegenden theoretischen Zusammenhänge sowie zu den im Folgenden vorgestellten Berechnungen vgl. Gundlach et al. (2001).

**Die Explosion der Bildungsausgaben 1970–1994**

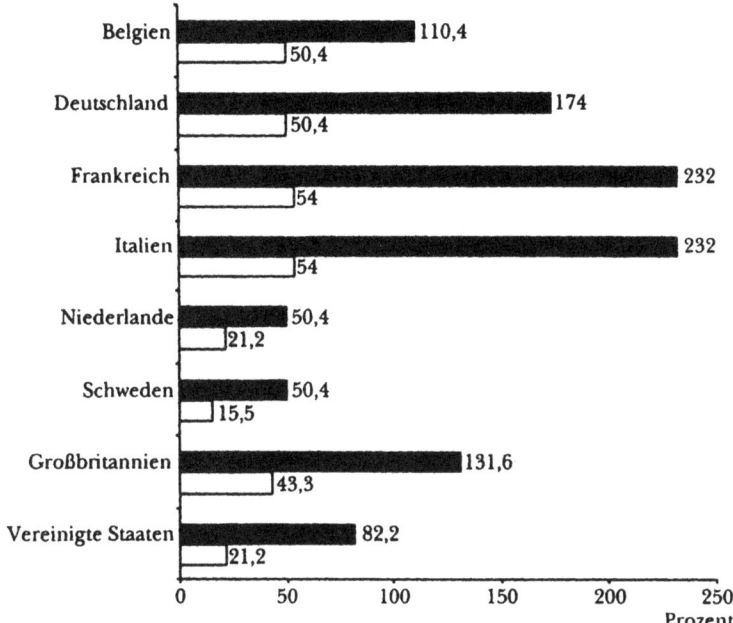

■ Veränderung der realen öffentlichen Bildungsausgaben je Schüler in primärer und sekundärer Ausbildung (UNESCO- und UN-Daten)

☐ Veränderung der Arbeitsproduktivität (reales Bruttosozialprodukt je Person im erwerbsfähigen Alter)

Quellen: Gundlach et al. (2001); World Bank (2003)

Überraschend ist, dass die Vereinigten Staaten hinsichtlich des Produktivitätsverfalls relativ günstig abschneiden. Während dort aber bereits eine intensive öffentliche Debatte über die „kollabierende"[18] Produktivität der schulischen Ausbildung geführt wird, ist der wesentlich stärkere Produktivitätsverfall in europäischen Ländern bislang kaum beachtet worden. In Europa wird immer noch über Ausgabensteigerungen diskutiert, ohne

---

18  Hanushek (1997).

dabei zur Kenntnis zu nehmen, dass eine solche Politik in den letzten 30 Jahren keineswegs zu den erwünschten Effekten geführt hat – es sei denn, man würde argumentieren, dass die heutige Schülergeneration wesentlich bessere Kenntnisse in der Schule erlangt als die Elterngeneration oder dass die heutigen Schüler noch viel schlechter abschneiden würden, wenn die Bildungsausgaben nicht erhöht worden wären. Die Schüler werden gern an das erste Argument glauben, während Schulverwaltungen und Lehrerverbände eher das zweite Argument vortragen werden, ohne erklären zu können, weshalb für heutige Schüler so viel mehr Mittel ausgegeben werden müssen, um einen durchschnittlichen Leistungsstand zu erreichen.

Die Diskrepanzen zwischen Ausgabenentwicklung und gesamtwirtschaftlichem Produktivitätsfortschritt würden nicht auf einen substanziellen Produktivitätsverfall der schulischen Ausbildung und auf ineffiziente Schulsysteme in den untersuchten Ländern hindeuten, wenn sich der durchschnittliche Leistungsstand der Schüler über die Zeit hinweg deutlich verbessert hätte. Die empirischen Befunde für die Vereinigten Staaten stützen eine solche Interpretation allerdings nicht. Leistungstests für neun, 13 und 17 Jahre alte Schüler, die seit den frühen 1970er Jahren in Mathematik und in den Naturwissenschaften regelmäßig durchgeführt wurden, belegen, dass US-Schüler in den letzten 25 Jahren im Durchschnitt weder besser noch schlechter geworden sind. Die Ausgaben für die schulische Bildung sind in den Vereinigten Staaten jedoch wesentlich stärker gestiegen, als es nach Maßgabe des gesamtwirtschaftlichen Produktivitätsfortschritts zu erwarten gewesen wäre. Demnach wird dort bei konstantem Leistungsstand der Schüler zu Recht von einem „Kollaps" der schulischen Produktivität gesprochen.

Wie das Schaubild zeigt, ist der Produktivitätsverfall der schulischen Ausbildung in den meisten europäischen Ländern deutlich größer als in den Vereinigten Staaten, wenn sich am Leistungsstand der europäischen Schüler ebenfalls nur wenig geändert haben sollte. Diese Hypothese lässt sich nicht direkt überprüfen, weil für andere Länder als die Vereinigten Staaten keine über die Zeit hinweg vergleichbaren Leistungstests durchgeführt worden sind. Verfügbar sind lediglich internationale Leistungstests, die in gewissen zeitlichen Abständen durchgeführt wurden. Diese internationalen Querschnitts-Tests unterscheiden sich jedoch hinsichtlich der Teilnehmerländer, des Schwierigkeitsgrades und der Bewertung von Schülerleistungen.

Ein direkter zeitlicher Vergleich der Schülerleistungen ist deshalb nicht möglich, aber man kann aus indirekten Vergleichen Schlussfolgerungen für veränderte Schülerleistungen in einzelnen Ländern ziehen. Erinnert sei an die Zitate aus dem Artikel in „Die Zeit" vom 20. September 1974:[19] Damals wie heute haben deutsche Schüler eher mittelmäßig abgeschnitten, in etwa wie die US-Schüler. Da sich der durchschnittliche Leistungsstand der US-Schüler über die Zeit nicht verändert hat, kann man trotz der konzeptionellen Unterschiede zwischen den internationalen Tests der 1970er Jahre und den aktuellen Tests schließen, dass sich auch am Leistungsstand deutscher Schüler nicht viel geändert haben kann. Zumindest gibt es keine Evidenz dafür, dass sich der durchschnittliche Leistungsstand deutscher Schüler seitdem systematisch verbessert hätte. Das wird vermutlich nicht viele überraschen. Überraschend sollte aber sein, dass sich die um den allgemeinen Preisanstieg bereinigten öffentlichen Bildungsausgaben je deutschem Schüler im gleichen Zeitraum fast verdreifacht haben.

Die internationalen Testergebnisse lassen auch für weitere Länder indirekte Rückschlüsse zu. Anhand der verfügbaren Daten lässt sich eine Indexziffer konstruieren, die unter bestimmten statistischen Annahmen Veränderungen des Leistungsstands der Schüler eines Landes in Relation zum konstanten Leistungsstand der US-Schüler anzeigt.[20] Setzt man die Ergebnisse dieser

---

19  Vgl. Matthiesen (1974).

20  Zu den Einzelheiten der Berechnungen und zu den Datenquellen vgl. Gundlach et al. (2001).

Berechnungen für den durchschnittlichen Leistungsstand in Mathematik und Naturwissenschaften in Bezug zur Veränderung der realen Bildungsausgaben je Schüler, stellt man fest, dass von 1970 bis 1994 die Schüler in Schweden, in den Niederlanden und in Italien im Vergleich zu den US-Schülern geringfügig besser geworden sind. Schüler aus allen anderen betrachteten OECD-Ländern haben in diesem Zeitraum ihr Leistungsniveau bestenfalls halten können, manche scheinen sogar schlechter geworden zu sein. Weiterhin haben Länder mit einem starken realen Anstieg der Ausgaben je Schüler keineswegs einen besseren Leistungsstand ihrer Schüler erreicht. In Australien haben sich die realen Ausgaben je Schüler beispielsweise fast vervierfacht, trotzdem schneiden die australischen Schüler bei internationalen Tests nicht wesentlich anders ab als vor rund 30 Jahren.

Man sollte diesen Befund nicht überinterpretieren, aber statistisch gesehen besteht im internationalen Vergleich zwischen steigenden Ausgaben für die schulische Bildung und der Veränderung des Leistungsstands der Schüler ein negativer Zusammenhang. Die Schülerleistungen sind offenbar nur dort besser geworden, wo sich die Ausgabensteigerungen in Grenzen hielten. Zweifellos kann man gegen den Befund statistische Bedenken erheben, und er besagt auch nichts über kausale Zusammenhänge zwischen den beobachteten Messziffern. Mögliche Relativierungen der Daten werden aber wenig an der enormen Größenordnung der Ausgabensteigerung je Schüler in den meisten OECD-Ländern ändern, die im Wesentlichen darauf beruht, dass die Anzahl der Lehrer bei sinkenden Schülerzahlen konstant geblieben ist. Diese demographisch bedingte Verringerung der Klassengröße ging weder in den Vereinigten Staaten noch in anderen großen Industrieländern mit besseren Schülerleistungen einher.

Legt man alle Mosaiksteine zusammen, liefert die empirische Evidenz, trotz aller Unzulänglichkeiten nationaler und internationaler Bildungsstatistiken, eine eindeutige Botschaft: Höhere Bildungsausgaben je Schüler sind nicht der unmittelbare

Schlüssel für bessere Bildungsqualität. Weder mit Querschnittsdaten für die Vereinigten Staaten noch mit aggregierten Querschnittsdaten im internationalen Vergleich, noch mit nationalen Zeitreihendaten für OECD-Länder lässt sich belegen, dass bessere Schülerleistungen allein mit Hilfe zusätzlicher Bildungsressourcen bewerkstelligt werden können. Von daher muss es überraschen, wenn in aktuellen bildungspolitischen Diskussionen immer wieder von einem positiven Zusammenhang zwischen Bildungsausgaben und Bildungsqualität ausgegangen wird.

Nicht eindeutig entschieden ist allerdings die Frage, ob kleinere Klassengrößen die Schülerleistung verbessern können. Eine empirisch eindeutige Antwort ist schwierig, weil die Verteilung der Schüler auf große und kleine Klassen normalerweise eben nicht zufällig erfolgt. Mit anderen Worten: Viele Schüler werden gerade wegen ihres Leistungsstands in eine Klasse mit unter- oder überdurchschnittlicher Größe geschickt, so dass eine mögliche Korrelation zwischen ihrem Leistungsstand und der Klassengröße eben nicht so interpretiert werden kann, als ob die Klassengröße den Leistungsstand beeinflussen würde. Mit dem „Project STAR" wurde versucht, diesem empirischen Dilemma zu entkommen, aber der Versuch kann auf Grund der methodischen Unzulänglichkeiten und der eher marginalen Effekte nicht überzeugen. Die neuen TIMSS- und PISA-Datensätze bieten prinzipiell eine Möglichkeit, zu besseren Antworten zu kommen. Zum einen können nationale und internationale Unterschiede bei Schülerleistungen und Klassengrößen berücksichtigt werden, was die Bandbreite der Beobachtungen erhöht und damit die statistische Genauigkeit der Schätzergebnisse tendenziell verbessert. Zum anderen wurden bei den Tests viele zusätzliche Daten erhoben, mit deren Hilfe man den kausalen Effekt von kleineren Klassengrößen auf die Schülerleistung unabhängig von umgekehrten Effekten bestimmen kann.

# 4 Erkenntnisse aus TIMSS und PISA

## 4.1 Klassengröße und Schülerleistung

Bildungsressourcen können grundsätzlich nicht nur Ursache, sondern auch Folge der Schülerleistungen sein. Bei der Bildungsressource „Klassengröße" kommt eine ganze Reihe von Wirkungsmechanismen in Frage, die eine solche umgekehrte Kausalität bewirken können. Wenn die Finanzierung der Schulen beispielsweise auf kommunaler Ebene erfolgt und die Schüler nach dem Wohnsitz ihrer Eltern auf die Schulen verteilt werden, besteht für die Eltern ein Anreiz, in „besseren" Wohngebieten zu leben, um ihren Kindern den Zugang zu besser ausgestatteten Schulen zu sichern. Dafür ist ein bestimmtes Einkommen der Eltern notwendig. Da das Einkommen der Eltern im Durchschnitt eng mit dem Leistungsstand ihrer Kinder zusammenhängt, erhält man einen umgekehrten kausalen Zusammenhang: Besser ausgestattete Schulen haben wegen des höheren Durchschnittseinkommens der Eltern im Durchschnitt leistungsfähigere Kinder.

Solche umgekehrten kausalen Zusammenhänge bestehen vermutlich nicht nur für die Verteilung der Schüler auf Schulen mit unterschiedlicher Ausstattung, sondern auch für die Verteilung der Schüler innerhalb von Schulen auf Klassen mit unterschiedlicher Größe. Dies kann mit speziellen Fördermaßnahmen für lernschwache oder besonders begabte Kinder zusammenhängen. Daraus könnte man schließen, dass die optimale Klassengröße mit dem Leistungsstand der Schüler und damit vermutlich mit ihrem Lernverhalten variieren kann.

Wann immer explizite Wahlentscheidungen dazu führen, dass Schüler nicht zufällig in Klassen unterschiedlicher Größe unterrichtet werden, besteht aus statistischer Sicht ein Endogenitäts- oder Simultanitätsproblem. Die Variation in Klassengrößen ist teilweise verursacht durch Variationen in Schülerleistungen, oder sie korreliert mit anderen Determinanten der Schülerleistungen, etwa mit dem Lernverhalten. Unter solchen Bedingungen kann eine Schätzung von Klassengrößeneffekten auf Basis einer einfachen Regressionsanalyse zu verzerrten Ergebnissen führen. In neueren Studien ist dieser Problematik Rechnung getragen worden.

Den unverzerrten Effekt der Klassengröße auf die Schülerleistung kann man nur schätzen, wenn der umgekehrte Einfluss der Schülerleistung auf die Klassengröße ausgeschlossen werden kann. Die Defizite des „Project STAR", des bislang einzigen größeren Klassengrößen-Experiments, bei dem Schüler in zufälliger Weise auf Klassen unterschiedlicher Größe aufgeteilt wurden, wurden bereits diskutiert. Als Alternative bleibt die quasi-experimentelle Herangehensweise, bei der man mit so genannten „Instrument-Variablen" (IV) die Schätzung des Klassengrößeneffektes auf denjenigen Teil der Klassengrößenvariation beschränken kann, der als exogen in Bezug auf die Schülerleistungen gelten kann. Mittlerweile gibt es verschiedene Studien, die auf Basis solcher Schätzungen Klassengrößeneffekte bestimmen. Da diese Studien aber zum Teil auf unterschiedlichen Datensätzen und Instrument-Variablen beruhen, sind ihre Ergebnisse nur schwer miteinander vergleichbar. Demgegenüber lässt sich mit Hilfe des TIMSS-Datensatzes ein Schätzverfahren durchführen, dessen Ergebnisse über verschiedene Länder hinweg miteinander verglichen werden können.

Die Intuition dieser Identifikationsstrategie ist wie folgt:[21] Da zahlreiche Wahlentscheidungen die Verteilung von Schülern auf verschiedene Schulen in Abhängigkeit von ihrem Leistungsstand bestimmen, wird für die Schätzung von Klassengrößeneffekten im ersten Schritt die gesamte Variation zwischen Schulen aus dem zu Grunde liegenden Datensatz herausgerechnet. Damit basieren die Schätzergebnisse ausschließlich auf Variationen der Klassengröße innerhalb einzelner Schulen. Die Zuweisung der Schüler auf verschiedene Klassen innerhalb eines Jahrgangs

---

21  Vgl. dazu im Einzelnen Wößmann und West (2002).

wird aber auch innerhalb der Schulen nicht zufällig sein. Deshalb wird im zweiten Schritt die tatsächliche Klassengröße durch die durchschnittliche Klassengröße der entsprechenden Jahrgangsstufe in der Schule instrumentiert. Das bedeutet, dass Klassengrößenvariationen innerhalb einzelner Schulen nur insoweit berücksichtigt werden, als sie durch Variationen in der durchschnittlichen Klassengröße zwischen Jahrgangsstufen verursacht werden. Solche Variationen spiegeln zufällige Unterschiede in den jeweiligen Geburtenjahrgängen wider und sind exogen in Bezug auf die Leistungen der Schüler.

Zur Umsetzung einer solchen Identifikationsstrategie benötigt man einen recht spezifischen Datensatz, zum Beispiel Daten für mehrere Klassen innerhalb einzelner Schulen und Daten für Klassen aus mehreren Jahrgangsstufen innerhalb der Schulen. Darüber hinaus muss der Datensatz Informationen sowohl über die tatsächlichen Klassengrößen als auch über die durchschnittlichen Klassengrößen der Jahrgangsstufen beinhalten. Der TIMSS-Datensatz bietet grundsätzlich diese Informationen, wobei nicht alle teilnehmenden Länder, auch Deutschland nicht, diese Anforderungen komplett erfüllen und von daher bei den folgenden Schätzergebnissen nicht berücksichtigt sind.

Anhand der TIMMS-Daten wurden unterschiedliche Schätzverfahren durchgeführt.[22] Dabei wurde in den jeweiligen Schätzgleichungen neben der Klassengröße eine Reihe von anderen Variablen berücksichtigt, die Einfluss auf die Schülerleistung haben. Insgesamt wurden Klassengrößeneffekte für 28 Länder ermittelt. Wie erwartet, erhält man bei einer einfachen Regressionsschätzung anhand des kompletten TIMSS-Datensatzes in den meisten Fällen einen statistisch signifikanten positiven Klassengrößeneffekt. Das bedeutet, dass im Durchschnitt Schüler in größeren Klassen besser abschneiden als Schüler in kleineren Klassen. Dieses für sich genommen wenig plausible Ergebnis

---

22  Vgl. Wößmann und West (2002).

könnte im Wesentlichen die mögliche Zuweisung leistungsschwacher Schüler auf kleine Klassen widerspiegeln. Entsprechend der Identifikationsstrategie wird bei den Schätzungen die gesamte Variation der Klassengröße zwischen Schulen herausgerechnet, so dass der geschätzte Effekt der Klassengröße auf den Leistungsstand nicht mehr von Wahlentscheidungen zwischen den Schulen beeinflusst wird. Mit diesem Ansatz verringert sich die Anzahl der geschätzten positiven Klassengrößeneffekte von dreizehn auf fünf. Wenn bei der Schätzung schließlich berücksichtigt wird, dass zumindest ein Teil der Klassengrößenunterschiede auch innerhalb von Schulen von Zuweisungsentscheidungen abhängen kann, ergibt sich folgendes Bild: In vier Fällen wird ein negativer Koeffizient geschätzt; in Frankreich und Island in Mathematik sowie Griechenland und Spanien in Naturwissenschaften führen kleinere Klassengrößen zu besseren Schülerleistungen. Für die Mehrzahl der Fälle erhält man keinen statistisch signifikanten Klassengrößeneffekt, und in nur einem Fall bleibt es bei einem unplausiblen positiven Klassengrößeneffekt.

Die relativ große Anzahl statistisch insignifikanter Klassengrößeneffekte könnte einerseits dadurch zu Stande kommen, dass die hohen Anforderungen an den Datensatz und das Herausfiltern eines großen Teils der Streuung in der Klassengröße eine präzise Schätzung unmöglich machen. Andererseits könnten aber auch in der Mehrzahl der Fälle eben keine substanziellen Klassengrößeneffekte auftreten. Um zu beantworten, welcher Effekt überwiegt, kann man die geschätzten Ergebnisse mit den Ergebnissen des „Project STAR" vergleichen. Nach den Befunden von *Wößmann* und *West* sind die anhand der TIMSS-Daten ermittelten Klassengrößeneffekte noch deutlich kleiner als die ohnehin schon kleinen Effekte, die mit dem „Project STAR" ermittelt wurden. Und auch anhand der PISA-Daten lässt sich mit einem ähnlichen Ansatz im Mittel kein positiver Effekt einer kleineren Klassengröße auf die Schülerleistung nachweisen.[23] Insgesamt scheint die durchschnittliche Schülerleistung in den meisten Fällen nicht von der Bildungsressource Klassengröße abzuhängen. Allerdings gibt es Ausnahmen. Ein weiteres interessantes Ergebnis der Studie von *Wößmann* und *West* besagt, dass die vier Ausnahmefälle offenbar mit dem durchschnittlichen Gehaltsniveau der Lehrer zusammenhängen: Nur in Ländern, in denen Lehrer im Vergleich zu anderen Berufen schlecht entlohnt werden, lässt sich nachweisen, dass kleinere Klassen zu einem höheren Leistungsstand der Schüler führen.

Wenn man das durchschnittliche Gehaltsniveau der Lehrer als ein Maß für das allgemeine Qualifikationsniveau der Lehrerschaft betrachtet, könnte dieser Befund darauf hindeuten, dass relativ fähige Lehrer mit dem Unterricht in großen Klassen genauso gut zurechtkommen wie in kleinen Klassen. Mit anderen Worten: Bei hoch qualifizierten Lehrern spielt es keine Rolle für den Lernerfolg, ob die Klasse aus 15 oder 25 Schülern besteht. Demgegenüber scheinen weniger fähige Lehrer nur mit kleinen Klassen zurechtzukommen, während sie mit dem Unterricht in großen Klassen offenbar überfordert sind. Die TIMSS-Ergebnisse legen also nahe, dass Klassengrößeneffekte nur bei einem niedrigen Fähigkeitsniveau der Lehrerschaft auftreten oder umgekehrt umso unwahrscheinlicher werden, je attraktiver der Lehrerberuf für hoch qualifizierte Kräfte ist. Was Deutschland betrifft, gehört es nicht zu den Ländern mit unterdurchschnittlichen Lehrergehältern.

### 4.2 Bildungsinstitutionen und Schülerleistung

Da für die überwiegende Anzahl der betrachteten Länder keine nennenswerten Effekte kleinerer Klassen auf die Schülerleistung

---

23  Vgl. dazu die Studie von Fuchs und Wößmann (2004).

nachgewiesen werden können, rückt eine alternative Option der Schulpolitik zur Verbesserung der Ausbildungsqualität in den Mittelpunkt des Interesses: eine institutionelle Reform des Schulsystems. Ohne zu übertreiben, kann man sagen, dass die Leitung der Schulen in den meisten Ländern bislang so fest im Griff des Staates ist, wie es die russische Wirtschaft zu Zeiten *Breschnews* war. Planwirtschaftliche Überlegungen spielen im Schulsektor eine dominierende Rolle. Die Frage ist deshalb, ob der von staatlicher Seite festgesetzte institutionelle Rahmen des Schulsystems so gestaltet wird, dass alle beteiligten Akteure – Schulbehörden, Schulleiter, Lehrer, Schüler und Eltern – Anreize vorfinden, die verfügbaren Ressourcen effektiv einzusetzen.

In privatwirtschaftlich organisierten Bereichen der Wirtschaft wird zumeist angenommen, dass sich die Akteure leistungsmaximierend verhalten, da sie einem Gewinnanreiz ausgesetzt sind und der Wettbewerb diejenigen bestraft, die ihre Ressourcen nicht effizient einsetzen. Im öffentlichen Schulsektor ist das nicht notwendigerweise der Fall, weil die planwirtschaftliche Steuerung unter Umständen Verhaltensweisen begünstigt, die nicht zu effizientem Ressourceneinsatz führen. Eltern und Schüler können sich deshalb, anders als bei im Wettbewerb erzeugten Produkten, in der Regel nicht darauf verlassen, dass das Zusammenspiel von Schulbehörden, Schulverwaltung und Schulpersonal automatisch zum aus ihrer Sicht gewünschten Bildungsergebnis führt. Umgekehrt können Schulbehörden, Schulverwaltung und Lehrer nicht davon ausgehen, dass sich die Schüler und ihre Eltern immer leistungsfördernd und kostensparend verhalten.

Die Anreize für das Verhalten aller beteiligten Akteure werden von den vielfältigen institutionellen Gegebenheiten des Systems Schule gesteuert. Unter Institutionen versteht man aus ökonomischer Sicht, mit den Worten des Nobelpreisträgers *Douglass C. North*, die von Menschen bestimmten Regeln für das politische, wirtschaftliche und soziale Zusammenleben. Zu den Institutionen im Schulsystem zählen Regeln, die etwa die Finanzierung und die Leitung der Schulen, das Personalmanagement, die Bewertung der Schülerleistungen, die Definition des Curriculums oder die Lehrmethoden betreffen. Die Herausforderung besteht darin, diese institutionellen Rahmenbedingungen so zu gestalten, dass sie ein geeignetes Anreizsystem für Schüler, Lehrer, Schulverwaltung und Eltern generieren. Ein solches Anreizsystem muss sicherstellen, dass alle Beteiligten nicht ihre eigenen Interessen verfolgen, sondern sich für bessere Leistungen der Schüler einsetzen. Ohne geeignete Anreize und Kontrollen könnten Lehrer zum Beispiel dazu tendieren, nicht die vielversprechendsten Lehrmethoden einzusetzen, sondern solche, die ihnen am angenehmsten sind. Schüler könnten ohne geeignete Anreize und Kontrollen dazu tendieren, den Leistungsstand der Klasse zu drücken, um so ihren Lernaufwand zu minimieren. Und Eltern könnten ohne geeignete Anreize und Kontrollen dazu tendieren, einen Teil ihres Erziehungsauftrags an die Schulen zu delegieren, ohne dafür eine Gegenleistung zu erbringen.

Ob und gegebenenfalls in welchem Umfang institutionelle Faktoren die Bildungsqualität in Form von Schülerleistungen beeinflussen, ist bislang empirisch kaum untersucht worden. Der wesentliche Grund dafür ist, dass die relevanten Bildungsinstitutionen innerhalb eines Landes in der Regel nicht genügend variieren, um ihren empirischen Einfluss statistisch feststellen zu können. Wenn sich Bildungsinstitutionen nicht ändern, ist es unmöglich, den Zusammenhang zwischen den Bildungsinstitutionen und der Schülerleistung zu bestimmen. Nur der internationale Vergleich unterschiedlicher Bildungssysteme kann zeigen, ob Bildungsinstitutionen einen nennenswerten Einfluss auf die Leistungen der Schüler haben. Die Studie von *Wößmann* kann als der erste Versuch gelten, die Auswirkungen verschiedener Bildungsinstitutionen anhand der internationalen TIMSS-Daten aufzuzeigen.[24] Ihre Ergebnisse konnten in einer weiteren Studie anhand der PISA-Daten bestätigt werden.[25]

Im Einzelnen prüfen diese Studien den Einfluss des familiären Hintergrundes eines Schülers, der Ressourcenausstattung einer Schule und der Bildungsinstitutionen eines Landes auf den durchschnittlichen Leistungsstand der Schüler. Mit Hilfe einer Bildungs-Produktionsfunktion können solche Zusammenhänge empirisch bestimmt werden. Schematisch lässt sich eine solche Funktion darstellen als:

$$(8) \quad L = a \cdot F + b \cdot R + c \cdot I$$

mit $L$ = *Schülerleistung*, $F$ = *Familienhintergrund*, $R$ = *Ressourcen* und $I$ = *Institutionen*.

Dabei kann man anhand der Größe der zu schätzenden Koeffizienten $a$, $b$ und $c$ die jeweilige Relevanz der Variablen für den Leistungsstand der Schüler bestimmen, der anhand der TIMSS-Ergebnisse in Mathematik gemessen wird. Die Details der Schätzungen und ökonometrische Besonderheiten, die mit der Erhebungsweise der TIMSS-Daten zusammenhängen, werden ausführlich in der Studie von *Wößmann* diskutiert.[26]

Wie kaum anders zu erwarten, zeigen die Ergebnisse, dass der familiäre Hintergrund eines Schülers starken Einfluss auf seine schulischen Leistungen ausübt. Danach schneidet ein Schüler, dessen Eltern das höchste erfasste Bildungsniveau aufweisen, im Durchschnitt um rund 90 Testpunkte besser ab als ein Schüler, dessen Eltern das niedrigste erfasste Bildungsniveau aufweisen. Da der durchschnittliche Abstand im Testergebnis zwischen den bei TIMSS getesteten Schülern der siebten und der achten Jahrgangsstufe rund 40 Punkte beträgt, lässt sich der

---

24 Vgl. Wößmann (2003).
25 Vgl. Fuchs und Wößmann (2004).
26 Vgl. Wößmann (2003).

maximale Unterschied im Bildungshintergrund der Eltern (rund 90 Testpunkte) in einen durchschnittlichen Bildungsabstand von etwas mehr als zwei Schuljahren übersetzen.

Wie bereits diskutiert, lässt sich kein nennenswerter Effekt der allgemeinen Ressourcenausstattung auf den Leistungsstand der Schüler feststellen. Die Zusammensetzung der Lehrerschaft scheint dagegen sehr wohl die Schülerleistungen zu beeinflussen. Nicht überraschend ist, dass der Bildungsabschluss des Lehrers einen positiven Einfluss auf die erzielten Schülerleistungen hat. Weniger selbstverständlich ist, dass Schüler von Lehrerinnen bei den Testergebnissen besser abschneiden als Schüler von Lehrern. Bei konstant gehaltenem Alter der Lehrer haben die Jahre Lehrerfahrung einen positiven Effekt auf die Schülerleistungen, während umgekehrt bei konstant gehaltener Lehrerfahrung das Alter der Lehrer die Testergebnisse negativ zu beeinflussen scheint. Quantitativ scheinen diese Faktoren nach den vorliegenden Ergebnissen aber keinen besonders großen Effekt zu haben. Mit einer allein aus Budgetgründen schon wenig realistischen substanziellen Verbesserung der Lehrerqualifikation würde man den Leistungsstand der Schüler nur um knapp 20 Testpunkte verbessern können, was einem durchschnittlichen Bildungsabstand von etwa einem halben Schuljahr entspricht.

Zu fragen bleibt, welche anderen Faktoren neben dem familiären Hintergrund und der schulischen Ressourcenausstattung die großen internationalen Leistungsunterschiede erklären können, die sowohl bei TIMSS als auch bei PISA festgestellt wurden. Auf Grund theoretischer Überlegungen lässt sich vermuten, dass die institutionellen Regelungen eines Schulsystems das Verhalten der beteiligten Akteure in Bezug auf Leistungserbringung und Kostenverursachung beeinflussen. Anhand der umfangreichen Begleitdaten, die im Rahmen von TIMSS und PISA erhoben worden sind, lässt sich überprüfen, ob verschiedene institutionelle Kategorien des Schulsystems tatsächlich den vermuteten Einfluss ausüben. Dazu gehören etwa zentrale Prüfungen, die Entscheidungsebene innerhalb des Schulsystems hinsichtlich des Budgets und des Personalmanagements sowie die Einflussmöglichkeiten von Lehrern auf den Bildungsprozess.

*a) Zentrale Prüfungen*

Zentrale Prüfungen können die Anreizstrukturen in einem Schulsystem grundlegend verändern, weil sie die Leistungen der Schüler nach einem externen Standard messen und damit die Leistungen über Klassen und Schulen hinweg vergleichbar machen. So lässt sich leichter feststellen, ob die schlechte Leistung eines Schülers eine Ausnahme ist oder ob die ganze Klasse relativ zu allen anderen Klassen im gesamten Land schlecht abschneidet. Somit können zentrale Prüfungen aufzeigen, ob die Ursachen für ein individuell schlechtes Abschneiden eher bei den Schülern, bei den Lehrern, bei den Schulen oder im sozialen Umfeld einer Schule (also bei den Eltern) zu suchen sind. Bei dieser Anreizstruktur wird das gesamte Schulsystem transparenter: Eltern können die Leistungen von Kindern, Lehrern und Schulen bewerten; Schulleiter können die Leistungen der Lehrer bewerten; die Regierung und die Verwaltung können die Leistungen verschiedener Schulen bewerten.

*b) Budgetkontrolle und Personalmanagement*

Als weiteres institutionelles Merkmal des Schulsystems hat *Wößmann* die Aufteilung der Entscheidungshoheit zwischen Schulen und ihren Aufsichtsbehörden hinsichtlich der Budgetkontrolle und des Personalmanagements untersucht. Während die Schulsysteme in einigen Ländern, die bei TIMSS mitgemacht haben, stark zentralisiert sind und den Schulen wenig Autonomie geben, sind die Schulsysteme in anderen Ländern stark dezentralisiert und lassen den Schulen weit reichende Entscheidungsfreiheiten. So haben beispielsweise die Schulen in den Niederlanden ein hohes Maß Autonomie. Sie können nach Einschätzung der OECD ungefähr drei Viertel aller Entscheidungen eigenständig fällen. Dagegen können die Schulen in Griechenland,

Norwegen und Portugal weniger als ein Viertel aller Entscheidungen selbständig fällen.

Der Effekt einer erhöhten Schulautonomie auf die Leistungen der Schüler lässt sich nicht leicht vorhersagen. Einerseits benötigen Schulen weit reichende Entscheidungsfreiheiten, um auf die spezifischen Anforderungen und Bedürfnisse von Eltern und Schülern eingehen zu können. Darüber hinaus dürfte das Lehrpersonal innerhalb der Schule besser als eine zentrale Verwaltung wissen, welche Lehrstrategien für ihre Schüler am effektivsten sind. Die einzelnen Lehrer dürften auch eher wissen, welches die besten Lehrbücher für ihre Schüler sind. Ebenso werden Schulleiter besser als eine zentrale Verwaltung beurteilen können, welche Lehrer zu ihrer Schule passen und welche ihrer Lehrer eine Beförderung oder eine Gehaltserhöhung (bei gegebenem Gesamtbudget der Schule) verdienen. Andererseits könnte es dem Lehrpersonal bei hoher Schulautonomie leichter fallen, seine Arbeitslast zu mindern, solange es keiner externen Kontrolle unterliegt. Je mehr Freiraum eine Schule hat, desto wichtiger ist es, externe Standards und Beurteilungen festzulegen. Ebenso könnte es sich negativ auf die schulischen Leistungen auswirken, wenn die Entscheidungsgewalt über den Umfang des Schulbudgets in den Händen des Schulpersonals liegt, denn das Schulpersonal ist daran interessiert, zusätzliche finanzielle Mittel für sich anzusammeln oder so einzusetzen, dass die eigene Arbeitsbelastung verringert wird.

Daher ist zu erwarten, dass es die Schülerleistungen mindert, wenn Schulen über ihr Budget, ihre Leistungsziele und die zu lehrenden Standards selbst entscheiden können. Solche Kontrollentscheidungen sollten am besten von externen Stellen gefällt werden. Demgegenüber sollten Entscheidungen darüber, mit welchen Lehrmethoden und -materialien die externen Ziele und Standards am besten zu erreichen sind, den Schulen überlassen bleiben. Eine erhöhte Schulautonomie sollte sich positiv auf die Leistungen der Schüler auswirken, wenn eine effektive

Kontrolle durch externe Beurteilungsmechanismen ein hohes Leistungsniveau der Schulen sicherstellt.

*c)   Einfluss der Lehrer auf den Bildungsprozess*
Schülerleistungen hängen nicht zuletzt von den Anreizen, denen Lehrer innerhalb der Schule ausgesetzt sind, und von den Einflussmöglichkeiten der Lehrer auf den Bildungsprozess ab. Da das Verhalten der Lehrer nicht direkt gesteuert werden kann, haben sie große Freiheit in der Ausführung ihrer Lehre. Einerseits haben sie Interesse und Freude daran, ihre Schüler lernen zu sehen, was sie ermuntert, sich unabhängig von finanziellen Anreizen für den Lernerfolg ihrer Schüler einzusetzen. Lehrer müssen darüber hinaus bei schlechten Leistungen negative Konsequenzen von Seiten der Schulleitung und der Eltern befürchten. Andererseits haben sie ein natürliches Interesse daran, ihr Einkommen bei gleicher Arbeitsbelastung zu erhöhen beziehungsweise ihre Arbeitslast bei gleichem Einkommen zu verringern. Die spezifischen institutionellen Rahmenbedingungen des Schulsystems können das Verhalten der Lehrer in die eine oder in die andere Richtung steuern.

Da Lehrer einen relativ großen Anteil an den Erwerbstätigen ausmachen und als Gruppe relativ leicht zu organisieren sind, stellen sie eine machtvolle politische Interessengruppe dar, wenn sie kollektiv handeln. Lehrergewerkschaften werden vermutlich eher die Interessen eines durchschnittlich erfolgreichen Lehrers vertreten, was eine Nivellierung des Gehaltsgefüges an Stelle von leistungsabhängiger Entlohnung begünstigen könnte. Folglich könnten starke Lehrergewerkschaften, wenn sie sich etwa für Gehaltserhöhungen auf Kosten anderer Bildungsausgaben oder für eine Verringerung der Arbeitslast pro Lehrer einsetzen, schwächere Schülerleistungen zur Folge haben, denn in beiden Fällen könnte sich die Effektivität des Einsatzes anderer Bildungsausgaben verringern.

Wenn die Lehrer dagegen individuell über die anzuwendenden Lehrmethoden bestimmen können, dürfte dies wegen ihrer Kenntnis der Bedürfnisse ihrer Schüler grundsätzlich zu einem effektiveren Einsatz von Bildungsressourcen führen. Dieser Effektivitätsgewinn könnte je nach Entscheidungsfeld das Interesse der Lehrer an einer niedrigen Arbeitslast überkompensieren. So sollte ein starker Einfluss individueller Lehrer auf die Lehrmittelbeschaffung zu besseren Schülerleistungen führen, da die Lehrer am besten über die geeignetsten Lehrmittel Bescheid wissen dürften und im eigenen Interesse darauf bedacht sein werden, keine schlechten Lehrmittel anzuschaffen. Hingegen dürfte ein starker Einfluss der Lehrer auf den Budgetumfang und auf den zu lehrenden Themenumfang zu vergleichsweise schlechten Schülerleistungen führen.

Insgesamt bestätigen die empirischen Ergebnisse der Studie von *Wößmann* die vermuteten Wirkungen der verschiedenen Bildungsinstitutionen auf die Schülerleistung. Fasst man seine Schätzergebnisse zu einem quantitativen Gesamteffekt ausgewählter Bildungsinstitutionen auf die Schülerleistungen in Mathematik zusammen und vergleicht sie mit den quantitativen Effekten des familiären Hintergrunds und der Bildungsressourcen, kann man erkennen, dass institutionelle Regelungen des Schulsystems eine wichtige Rolle für Schülerleistungen spielen. Der maximale Gesamteffekt auf die Schülerleistung ergibt sich aus der Gegenüberstellung von zwei hypothetischen Fällen: Danach würde das Testergebnis in Mathematik in einem Schulsystem mit zentraler Prüfung, mit zentraler Budgetkontrolle, mit dezentralem Personalmanagement sowie mit ausschließlich individuellem Einfluss der Lehrer auf den Lehrplan um knapp 120 Punkte besser ausfallen als in einem Schulsystem, das diese institutionellen Regelungen nicht aufweist. Die Größenordnung von 120 Testpunkten entspricht dabei in etwa einem Leistungsunterschied, der fast dreimal so groß ist wie der durchschnittliche Leistungsunterschied zwischen der siebten und achten Klasse, also fast drei Schuljahren. Für die Schülerleistungen in Naturwissenschaften erhält man ähnliche Ergebnisse.

Diese Befunde verdeutlichen, dass die Schülerleistungen in Mathematik und Naturwissenschaften über die Ausgestaltung der Bildungsinstitutionen erheblich gesteuert werden könnten. Wenn gut ausgebildete Arbeitskräfte als ein wichtiger Faktor für die Entwicklung einer Volkswirtschaft gesehen werden, sollte die Bildungspolitik versuchen, die Bildungsergebnisse in Form der durchschnittlichen Schülerleistung über eine Reform der Bildungsinstitutionen zu steuern, statt zusätzliche Mittel in ein ineffizientes Schulsystem zu lenken. Gleichzeitig ist zu bedenken, dass ein effizientes Bildungssystem vermutlich nur einer von mehreren Faktoren ist, die über die wirtschaftliche Zukunftsfähigkeit einer Volkswirtschaft entscheiden.

Hinzu kommt ein weiterer übergeordneter Aspekt, der weder in der laufenden Bildungsdebatte noch in der wissenschaftlichen Literatur beachtet wird. Um öffentliche Investitionen in das Bildungssystem zu rechtfertigen, müsste man nachweisen können, dass die gesamtwirtschaftlichen Erträge von Bildungsinvestitionen größer sind als die privatwirtschaftlichen Erträge. Damit soll nicht bestritten werden, dass die Ausbildung an Schulen und Universitäten ein öffentliches Gut ist, das staatliche Finanzierung rechtfertigt. Offenbar haben alle Staaten einen öffentlichen Bildungssektor, weil Bildung als ein öffentliches Gut betrachtet wird. Trotzdem muss die Frage erlaubt sein, ob der öffentliche Bildungssektor zu groß, zu klein oder gerade richtig ist. Mit der mikroökonomischen Datenbasis von TIMSS und PISA kann diese Frage nicht beantwortet werden, da mit den Daten nur individuelle Erträge der Ausbildung in Schule und Universität bestimmt werden können. Gesamtwirtschaftliche Erträge lassen sich anhand von makroökonomischen Daten bestimmen.

# 5 Die gesamtwirtschaftliche Bedeutung von Humankapital

## 5.1 Private und gesamtwirtschaftliche Ertragsraten der schulischen Ausbildung

Grundschulen und weiterführende Schulen sind in den meisten Ländern überwiegend staatlich organisiert. Für staatliches Engagement im Bildungssektor gibt es Gründe. Individuelle Bildungsinvestitionen sind am Kapitalmarkt nicht beleihungsfähig, so dass eine rein private Finanzierung von Bildung zu einer suboptimalen Bildungsnachfrage führen würde. Hinzu kommt, dass Bildungsinvestitionen mit so genannten „positiven externen Effekten" einhergehen könnten, die bei einem rein privaten Bildungsmarkt zu einem suboptimalen Bildungsangebot führen würden. Mit positiven externen Effekten ist gemeint, dass Bildungsinvestitionen über ihre individuellen Erträge hinaus zur gesamtwirtschaftlichen Produktivität beitragen könnten. So könnte man beispielsweise vermuten, dass Bildungsinvestitionen zu besserem Verständnis medizinischer Zusammenhänge führen und so indirekt die Ausbreitung ansteckender Krankheiten verhindern oder verringern helfen; oder man könnte erwarten, dass Bildungsinvestitionen zu einer größeren Anzahl von produktiven Forschern führen, was das Tempo des technischen Fortschritts und damit das Wachstum der Wirtschaft erhöhen könnte. In beiden Fällen hätten Bildungsinvestitionen also einen gesamtwirtschaftlichen Ertrag, der größer wäre als die Summe der individuellen Erträge.

Gleichzeitig gilt allerdings, dass das staatliche Angebot von Gütern und Dienstleistungen häufig mit einer Verschwendung von Ressourcen – oder weniger drastisch: mit Ineffizienzen – verbunden ist. Der Bildungsbereich scheint keine Ausnahme zu sein, wie die Diskussion des fehlenden Zusammenhangs zwischen Bildungsausgaben und Schülerleistung gezeigt haben sollte. Positive externe Effekte der schulischen Ausbildung sind jedoch ausgeblendet worden, da sie zwar leicht zu postulieren, jedoch sehr schwer empirisch fassbar sind.

In vielen neuen Modellen der Wachstumstheorie wird die Existenz von positiven externen Effekten der Humankapitalbildung als bekannt vorausgesetzt. Wenn sich solche Effekte empirisch nachweisen ließen, hätte man ein gewichtiges Argument für die makroökonomische Relevanz bildungspolitischer Maßnahmen gewonnen. Umgekehrt könnte man auf Bildungspolitik als Reaktion auf die Globalisierung verzichten, wenn sich herausstellen sollte, dass es keine empirische Evidenz für positive externe Effekte der Humankapitalbildung gibt, denn dann bräuchte man die individuellen Bildungsanstrengungen nicht staatlich zu subventionieren. Ein Vergleich der privaten mit der makroökonomischen Ertragsrate einer Bildungsinvestition sollte deshalb Aufschluss darüber geben können, ob die in allen Ländern der Welt zu beobachtende Subventionierung der schulischen Bildung zu hoch, zu niedrig oder angemessen ist. Angemessen wäre sie, wenn die private Ertragsrate einer Bildungsinvestition der gesamtwirtschaftlichen Ertragsrate entspricht.

Bislang gibt es allerdings wenig empirische Evidenz zum Niveau der gesamtwirtschaftlichen Ertragsrate des Humankapitals. In der Literatur wird hauptsächlich zwischen privaten und sozialen Ertragsraten der Ausbildung unterschieden. Soziale Ertragsraten dürfen aber nicht mit den gesamtwirtschaftlichen Ertragsraten der Bildung verwechselt werden. *Psacharopoulos* und *Patrinos* fassen zusammen, welche empirischen Ergebnisse für einzelne Länder auf Basis einer mehr oder weniger einheitlichen methodischen Grundlage, der Mincerschen Ertragsraten-Funktion, ermittelt worden sind.[27] Dabei ist zu beachten, dass die in der mikroökonometrischen Literatur ermittelten sozialen Ertragsraten definitionsgemäß immer niedriger sein müssen als die privaten Ertragsraten, weil sie lediglich die Kosten der öffentlichen Subvention der schulischen Bildung berücksichtigen,

---

27  Vgl. Psacharopoulos und Patrinos (2002).

nicht aber deren positive externe Effekte. Die externen Effekte des Humankapitals kann man nur bestimmen, wenn man die Mincersche Ertragsraten-Gleichung auf die Makroebene überträgt. Durch einen Vergleich der aus der Literatur bekannten durchschnittlichen privaten Ertragsraten mit einer solchen makroökonomischen Ertragsrate lässt sich überprüfen, ob von staatlicher Seite mehr oder weniger in die Bildung investiert werden sollte.

Die Mincersche Ertragsraten-Gleichung postuliert eine Beziehung zwischen dem logarithmierten Einkommen einer Person und der Anzahl ihrer Schuljahre (sowie weiterer Faktoren).[28] Unter der vereinfachenden Annahme, dass die schulische Ausbildung keine direkten Kosten verursacht, also wie in den meisten Ländern vom Staat gebührenfrei angeboten wird, lässt sich der Unterschied im individuellen Einkommen als Ertragsrate der schulischen Ausbildung darstellen. Im einfachsten Fall könnte man diese Ertragsrate mit makroökonomischen Daten anhand des halblogarithmischen Zusammenhangs zwischen dem Bruttoinlandsprodukt pro Person ($BIP/P$) als dem Maß für das Durchschnittseinkommen sowie der durchschnittlichen Anzahl der Schuljahre $S$ als

$$(9) \quad \ln BIP / P = Konstante + r \cdot S$$

schätzen, wobei eine solche Schätzung auf eine Reihe von statistischen Problemen stößt, für deren Lösung verschiedene ökonometrische Verfahren eingesetzt werden müssen.[29]

Wenn man zusätzliche Variablen berücksichtigt und das Problem der umgekehrten Kausalität zwischen dem Durchschnittseinkommen und den Schuljahren in den Griff bekommt, reflektiert der Regressionskoeffizient $r$ in einer Schätzgleichung

---

28 Vgl. Mincer (1974).
29 Vgl. dazu beispielsweise Heckman und Klenow (1997) sowie Gundlach (2003).

mit makroökonomischen Daten die durchschnittlichen individuellen Erträge der schulischen Ausbildung und die möglichen positiven externen Effekte des durchschnittlichen Ausbildungsstands der Arbeitskräfte, da alle Personen und alle Einkommen einer Volkswirtschaft erfasst werden. Mikroökonometrische Studien legen nahe, dass die individuellen Ertragsraten der Ausbildung im internationalen Durchschnitt in einer Größenordnung von zehn Prozent liegen. Falls man bei der makroökonomischen Schätzung also einen Regressionskoeffizienten von etwa 0,1 erhalten würde, könnte man daraus schließen, dass die positiven externen Effekte der schulischen Bildung durch die bestehende staatliche Subventionierung internalisiert werden, also kein zusätzlicher staatlicher Subventionsbedarf für das Bildungssystem besteht.

Anders sieht es aus, wenn man eine makroökonomische Ertragsrate der Bildung schätzt, die entweder unter oder über zehn Prozent liegt. Wenn sie unter zehn Prozent liegt, hätte man Evidenz dafür gefunden, dass es sich bei der schulischen Ausbildung nicht um Investitionen in Humankapital handelt, also um eine verbesserte Qualifikation, sondern lediglich um individuelle Signale, wie es von der Signalling-Theorie behauptet wird. Danach betrachten Arbeitgeber Schulabschlüsse lediglich als eine Information für die angeborenen Fähigkeiten und die Motivation der Arbeitskräfte, nicht aber als Ausdruck einer erworbenen Qualifikation. Wenn die privaten Erträge der Bildung über den gesamtwirtschaftlichen liegen, so wie von der Signalling-Theorie vermutet, müsste man die staatliche Subventionierung des Bildungssystems als Verschwendung von Ressourcen ansehen.

Nur wenn die gesamtwirtschaftliche Ertragsrate die private Ertragsrate der Bildung übersteigt, würde man daraus schließen, dass die Subventionierung des Bildungssystems nicht ausreicht. Es würde in einer solchen Situation also zu wenig in die Ausbildung investiert, mit der Folge eines Wirtschaftwachstums, das hinter seinem Potenzial zurückbliebe. Aus dieser Sicht könnten zusätzliche Bildungsinvestitionen der Schlüssel für mehr Wachstum und mehr Beschäftigung sein, so wie das in der Strategie von Lissabon der Europäischen Union aus dem Jahr 2000 beschworen wird. Dies gilt zumindest, wenn gleichzeitig bedacht wird, dass es bei zusätzlichen Bildungsinvestitionen nicht um simple Ausgabensteigerungen gehen sollte, sondern um institutionelle Reformen des Bildungssektors.

Anhand der empirischen Ergebnisse zur gesamtwirtschaftlichen Ertragsrate der schulischen Bildung lassen sich keine eindeutigen Schlussfolgerungen ziehen, denn die Bandbreite reicht von Schätzungen in Höhe von sechs bis zu 13 Prozent, wobei man im Durchschnitt etwa bei dem Ergebnis von *Heckman* und *Klenow* liegen würde. Nach ihrer Studie werden die möglicherweise vorhandenen positiven externen Effekte des Humankapitals durch die bestehende staatliche Subventionierung im Mittel internalisiert, so dass kein Bedarf an zusätzlichen staatlichen Bildungsinvestitionen bestehen würde.[30]

Gegen die Ergebnisse von *Heckman* und *Klenow* sowie die von *Topel,* der auf eine gesamtwirtschaftliche Ertragsrate des Humankapitals von lediglich sechs Prozent kommt,[31] lassen sich methodische und statistische Einwände erheben. In beiden Studien wird beispielsweise nicht berücksichtigt, dass die Qualität eines zusätzlichen Schuljahres über alle betrachteten Länder hinweg unterschiedlich hoch ist.[32] Wenn man dagegen den höchsten Schätzergebnissen vertraut, bei denen dieses Problem berücksichtigt wurde, scheint die gesamtwirtschaftliche Ertragsrate des Humankapitals um etwa ein Drittel über der privaten zu liegen. Ein solches Ergebnis würde implizieren, dass die Ausbildung in Schule und Universität mit erheblichen positiven externen Effekten einherzugehen scheint, die offenbar nicht vollständig durch die bestehende staatliche Subventionierung des Bildungssystems internalisiert werden. Dieser empirische Befund

---

30  Vgl. Heckman und Klenow (1997).
31  Vgl. Topel (1999).
32  Vgl. dazu ausführlich Gundlach (2003).

für einen internationalen Querschnitt liefert ein Argument dafür, die staatliche Subventionierung der Bildungsinvestitionen auszuweiten, um die private mit der gesamtwirtschaftlichen Ertragsrate des Humankapitals in Einklang zu bringen. Um nicht missverstanden zu werden: Höhere staatliche Subventionierung der Bildung beinhaltet keineswegs, dass der Staat grundsätzlich als Anbieter von zusätzlichen Bildungsleistungen auftreten sollte. Statt globaler Ausgabensteigerungen sollte auf eine Reform des Bildungssystems gesetzt werden, die Anreize zur Leistungssteigerung und zur Kostenersparnis schafft.

Bei alledem darf aber nicht vergessen werden, dass staatliche Subventionen für den Bildungssektor mit Subventionen für andere Bereiche konkurrieren, die ebenfalls positive externe Effekte produzieren könnten. Bildungssubventionen richten sich an den Produktionsfaktor Arbeit; Investitionen in Forschung und Entwicklung oder in Infrastruktur könnten sich an den Produktionsfaktor Kapital richten. Deshalb muss vor einer stärkeren Subventionierung des Bildungssystems zusätzlich geprüft werden, ob die gesamtwirtschaftliche Ertragsrate des Humankapitals über der des Sachkapitals liegt.

Diese Frage kann man näherungsweise mit einer einfachen Rechnung beantworten, für die man das volkswirtschaftliche Verhältnis zwischen dem Arbeits- und dem Kapitaleinkommen kennen muss. Der Anteil der Löhne und Gehälter am Volkseinkommen, also die Lohnquote, liegt nach neueren empirischen Ergebnissen in den meisten Ländern bei 70 Prozent, und sie ist über die Zeit hinweg relativ stabil. Wenn die Lohnquote bei 70 Prozent liegt, muss die Gewinnquote, also der Anteil der Kapitaleinkommen am Volkseinkommen, bei rund 30 Prozent liegen. Die Gewinnquote kann man formal darstellen als:

*(10)* $G = r \cdot K / Y$

*mit G = Gewinnquote, r = Ertragsrate,*
*K = Sachkapital und Y = Volkseinkommen,*

wobei $(r \cdot K)$ der Summe der Kapitaleinkommen entspricht. Danach kann man die Ertragsrate des Sachkapitals als das Verhältnis von Gewinnquote und Kapitalkoeffizient $(K / Y)$ bestimmen. Der Kapitalkoeffizient hat im internationalen Durchschnitt einen Wert zwischen zwei und drei. Bei einer Gewinnquote von 30 Prozent kommt man somit auf eine gesamtwirtschaftliche Ertragsrate des Sachkapitals im Bereich zwischen zehn und 15 Prozent. Das ist der Bereich, in den auch die hier für plausibel gehaltene Schätzung der gesamtwirtschaftlichen Ertragsrate des Humankapitals fällt. Von daher scheint nicht nur der Produktionsfaktor Humankapital positive externe Effekte zu erzeugen, sondern auch der Produktionsfaktor Sachkapital, denn die durchschnittliche langfristige private Rendite auf Kapitalanlagen liegt eher bei fünf als bei zehn Prozent, wie es bei der privaten Ertragsrate der Bildung der Fall ist. Deshalb sollte, bevor Umschichtungen der staatlichen Ressourcen zu Gunsten eines Produktionsfaktors und zu Lasten eines anderen Produktionsfaktors vorgenommen werden, immer überlegt werden, ob es einen Unterschied zwischen den privaten und gesamtwirtschaftlichen Ertragsraten des jeweils betrachteten Produktionsfaktors gibt und ob dieser Unterschied bei anderen Produktionsfaktoren nicht größer sein könnte.

## 5.2 Bildungsinvestitionen als Strategie im Kampf gegen Armut

Abgesehen von externen Effekten könnte der volkswirtschaftliche Bestand an Humankapital auf einem anderen Weg das Produktivitätswachstum beeinflussen. Ein höheres volkswirtschaftliches Produktivitätswachstum könnte beispielsweise erreicht werden, wenn eine bessere Ausbildung der Arbeitskräfte dafür sorgt, dass die Einkommen der Armen stärker steigen als die Durchschnittseinkommen. Wenn diese Wirkungskette besteht, müsste der Anteil der Armen an der Gesamtbevölkerung in Ländern mit hohem Humankapitalbestand niedriger sein als in Ländern mit geringem Humankapitalbestand. In diesem Zusammenhang könnte man Bildungsinvestitionen als eine entwicklungspolitische Strategie zur Armutsreduzierung betrachten.

In einer viel beachteten empirischen Studie haben *Dollar* und *Kraay* einen engen statistischen Zusammenhang zwischen dem durchschnittlichen Wirtschaftswachstum und dem Einkommenswachstum des ärmsten Teils der Bevölkerung ermittelt.[33] Nach ihren Ergebnissen geht im internationalen Vergleich ein um zehn Prozent höheres Durchschnittseinkommen der Gesamtbevölkerung mit einem um zehn Prozent höheren Durchschnittseinkommen der Armen einher. Gleichzeitig stellten *Dollar* und *Kraay* aber fest, dass vermeintlich armutsbekämpfende Maßnahmen, wie etwa höhere öffentliche Ausgaben für Gesundheit und Bildung, keinen direkten Einfluss auf die Einkommen der Armen haben, sondern bestenfalls indirekt über höhere Durchschnittseinkommen helfen würden, die Armut zu reduzieren. Nach diesen empirischen Ergebnissen sollten Strategien zur Armutsbekämpfung vornehmlich auf höheres gesamtwirtschaftliches Wachstum setzen, aber nicht auf zusätzliche Bildungsinvestitionen.

Aus theoretischer Sicht ist nicht eindeutig vorherzusagen, ob zusätzliche Bildungsinvestitionen zu einem Anstieg des Einkommens der Armen führen würden, der über den Anstieg des Durchschnittseinkommens hinausgeht. Traditionelle Humankapital-Modelle beinhalten zwei gegensätzliche Einsichten zum Zusammenhang zwischen Ausbildungsstand und Einkommensverteilung. Zum einen lässt sich argumentieren, dass eine Zunahme des durchschnittlichen Ausbildungsstands das Arbeitseinkommen der qualifizierten Arbeitskräfte relativ zum Arbeitseinkommen der unqualifizierten Arbeitskräfte erhöht, also die Einkommensverteilung zunächst ungleicher machen wird. Zum anderen sollte ein im Durchschnitt zunehmendes Angebot an qua-

---

33 Vgl. Dollar und Kraay (2002).

lifizierter Arbeit langfristig dazu führen, dass sich Einkommensunterschiede verringern. Die wissenschaftliche Literatur spricht von einem Kompositions- und einem Kompressionseffekt der Bildungsinvestitionen. Welcher Effekt dominiert, lässt sich nicht vorhersagen. Entscheidend dafür sind das Entwicklungsniveau eines Landes, die relative Größe der verschiedenen Qualifikationsgruppen, der Grad ihrer Substitutionsmöglichkeiten sowie weitere soziale, politische und ökonomische Faktoren, welche die Einkommensstruktur nach Qualifikationsgruppen und die Nachfrage nach Arbeit bestimmen.

Manche Modelle der Wachstumstheorie, die in der schulischen Ausbildung eine wesentliche Determinante des Humankapitals sehen, bieten gleichfalls keine klare Vorhersage für den Zusammenhang zwischen der Größe des Bildungssektors und der relativen Einkommensentwicklung der Armen. In manchen Modellen führen beispielsweise zunehmende Bildungsinvestitionen und die Förderung von Forschungs- und Entwicklungsaktivitäten letztlich zu einer Angleichung des durchschnittlichen Bildungsstands der Bevölkerung und damit zu einer Angleichung des durchschnittlichen Einkommensniveaus. Wenn aber mit der Bildung von Humankapital externe Effekte einhergehen, die die Produktivität aller anderen Produktionsfaktoren beeinflussen, kommt es bei zunehmender Humankapitalbildung eben nicht zu einer Angleichung der Einkommensunterschiede.

Bei dieser Vielzahl theoretischer Möglichkeiten kann es nicht überraschen, dass die empirische Forschung bislang zu keinem eindeutigen Befund zum Zusammenhang zwischen dem volkswirtschaftlichen Bestand an Humankapital und dem Einkommen der Armen gekommen ist. In älteren empirischen Studien wurde tendenziell die einkommensnivellierende Wirkung von Bildungsinvestitionen betont. Ob die dort präsentierte empirische Evidenz ein schlüssiges Urteil zulässt, ist nach neueren Erkenntnissen, die auf verbesserten Methoden und Daten beruhen, jedoch zu bezweifeln. Festzuhalten bleibt, dass alle aktuellen Studien, die im Einklang mit der älteren empirischen Literatur einen Zusammenhang zwischen einem höheren durchschnittlichen Bildungsstand und einem höheren Durchschnittseinkommen der Armen finden, im Widerspruch zum Befund von *Dollar* und *Kraay* stehen. Nach deren Schätzung würde ein höheres Durchschnittseinkommen zu einem proportionalen Anstieg im Einkommen der Armen führen. Darüber hinaus könnten aber weder das Humankapital noch irgendeine andere Variable dabei helfen, die Armut zu senken beziehungsweise das Einkommen der Armen zu erhöhen.[34]

*Dollar* und *Kraay* berücksichtigen bei ihren Schätzungen allerdings nicht, dass die Variable Humankapital nicht nur eine quantitative, sondern auch eine qualitative Dimension hat. Ihr Humankapitalmaß beinhaltet lediglich eine Kennziffer für die durchschnittliche Beteiligungsrate an primärer schulischer Ausbildung, die nur die Klassenstufen 1 bis 6 umfasst. Im internationalen Vergleich sind die Unterschiede bei dieser Kennziffer eher klein. Von daher kann das Ergebnis von *Dollar* und *Kraay* nicht überraschen.

Zweifellos sollte man bei der Messung des gesamtwirtschaftlichen Humankapitalbestands neben der primären schulischen Ausbildung weitergehende Ausbildungsstufen berücksichtigen. Zudem sollte man beachten, dass nach den TIMSS- und PISA-Ergebnissen die Qualität der schulischen Ausbildung im internationalen Vergleich unterschiedlich ausfällt. Dies kann beispielsweise mit Hilfe eines Gewichtungsfaktors geschehen, der die durchschnittlichen Schuljahre je nach festgestelltem durchschnittlichen Leistungsstand auf- oder abwertet.

Verwendet man den von *Hanushek* und *Kimko* entwickelten Qualitätsindex, der eine bessere Messung des volkswirtschaftlichen Humankapitalbestands ermöglicht,[35] gelangt man zum empirischen Ergebnis, dass Bildungsinvestitionen sehr wohl ei-

---

34 Zu den Einzelheiten der Schätzgleichung vgl. Dollar und Kraay (2002).
35 Vgl. Hanushek und Kimko (2000).

nen direkten Einfluss auf das Einkommen der Armen haben.[36] Danach würde ein zehnprozentiger Anstieg des durchschnittlichen Humankapitalbestands einer Volkswirtschaft das durchschnittliche Einkommen der Armen um rund drei Prozent erhöhen, unabhängig vom indirekten Effekt über ein höheres Durchschnittseinkommen. Folgt die Politik diesem Ergebnis, sollten Bildungsinvestitionen ein wesentlicher Bestandteil jeder Entwicklungsstrategie zur Armutsbekämpfung sein.

Diese Schlussfolgerung behält ihre Gültigkeit, wenn zusätzliche Variablen berücksichtigt werden, etwa der Sachkapitalbestand, der offenbar keinen direkten Einfluss auf das Einkommen der Armen besitzt. Ein Problem für die Interpretation der Ergebnisse könnte allerdings dadurch entstehen, dass die Humankapital-Variable nicht nur das Einkommen der Armen beeinflusst, sondern umgekehrt auch von der Höhe des Einkommens der Armen abhängt. So könnten beispielsweise in Ländern, in denen das Einkommen der Armen relativ hoch ist, mehr Ressourcen für Bildungsinvestitionen zur Verfügung stehen als in Ländern, in denen das Einkommen der Armen relativ niedrig ist. Wenn es sich bei der Humankapital-Variable um eine endogene Größe handelt, was wahrscheinlich ist, könnte das Gewicht des Humankapitals möglicherweise überschätzt werden. Allerdings könnte es auch unterschätzt werden, weil die empirische Humankapital-Variable nur ein sehr grobes Maß für den tatsächlichen Bestand des volkswirtschaftlichen Humankapitals sein kann (Messfehler-Problematik).

Tatsächlich ändert sich das bisherige Ergebnis aber nicht substanziell, wenn bei der Schätzung die mögliche Endogenität und die Messfehler-Problematik mit Hilfe von Instrument-Variablen berücksichtigt werden. Man erhält dann sogar einen etwas größeren Effekt der Humankapital-Variable auf das durch-

---

36 Die Berechnungen ergeben, dass der für das Gewicht der Variable Humankapital zu schätzende Koeffizient nicht wie bei Dollar und Kraay gleich Null ist, sondern etwa 0,3 beträgt; vgl. Gundlach et al. (2004).

schnittliche Einkommen der Armen. Aus statistischer Sicht deutet dieser Befund darauf hin, dass die Überschätzung auf Grund der umgekehrten Kausalität offenbar überkompensiert wird von der Unterschätzung auf Grund der Messfehler-Problematik.

Die Ergebnisse bestätigen die Hypothese, dass eine Zunahme des Humankapitalbestands in einer Volkswirtschaft einen substanziellen positiven Effekt auf das Einkommen der Armen haben könnte. Aus politökonomischer Sicht könnte eine gleichmäßigere Einkommensverteilung ein dauerhaft höheres Wirtschaftswachstum bewirken, wenn durch Umverteilungsmaßnahmen, und dazu gehört auch ein öffentliches Bildungsangebot, soziale Konflikte verringert und Eigentumsrechte besser geschützt werden könnten. Wenn man den empirischen Ergebnissen glauben will, würden zusätzliche Bildungsinvestitionen dafür sorgen, dass die Armen stärker vom durchschnittlichen Wirtschaftswachstum profitieren können. Strategien zur Armutsbekämpfung sollten von daher immer auch eine Komponente enthalten, die auf zusätzliche Bildungsinvestitionen setzt. Es sei nochmals betont, dass es dabei nicht um zusätzliche staatliche Bildungsangebote und vor allem nicht um Ausgabensteigerungen, sondern um grundsätzliche Reformen des Bildungssystems gehen sollte.

## 6 Konzeptionelle Ansatzpunkte einer zukunftsweisenden Bildungspolitik

Nach *Kurt Tucholsky* gilt für die Weltwirtschaft, dass sie verflochten ist. Für die verschiedenen Politikbereiche einer Volkswirtschaft gilt das auch. Dass sich wirtschaftliches Geschehen und soziales Verhalten in komplexen wechselseitigen Wirkungszusammenhängen abspielen, ist keine neue Einsicht. Aber zwischen einer abstrakten Erkenntnis von Zusammenhängen und der daraus folgenden praktischen Umsetzung von Handlungsmöglichkeiten liegt manchmal ein breiter Graben. Jeder Versuch, mit Hilfe isolierter Maßnahmen in einem komplexen Wirkungsgefüge ein bestimmtes Ergebnis zu produzieren, kann fast schon per Definition als aussichtslos klassifiziert werden. Die aktuelle bildungspolitische Debatte, die von den TIMSS- und PISA-Ergebnissen ausgelöst wurde, erscheint deshalb als ein Musterbeispiel für die Naivität, mit der spezifische bildungspolitische Instrumente als Blaupausen für die Lösung von interdependenten Problemen der Arbeitsmarkt-, der Sozial-, der Familien-, der Struktur- oder der Wachstumspolitik verkauft werden.

Statt nach Helsinki hätten deutsche Bildungspolitiker besser nach Singapur reisen sollen, um zu erkennen, dass ein Gesamtschulsystem und relativ kleine Klassen eher wenig mit dem guten Abschneiden der Schüler bei internationalen Tests zu tun haben. Singapur hat im Gegensatz zu Finnland weder ein Gesamtschulsystem noch kleine Klassen, und trotzdem schneiden seine Schüler im internationalen Vergleich genauso hervorragend ab wie die finnischen Schüler. Wenig strittig dürfte sein, dass ein effektives Bildungssystem, das wie in Singapur oder in Finnland einen in der Breite hohen Leistungsstand seiner Absolventen zu produzieren vermag, große volkswirtschaftliche Vorteile birgt. Dies gilt insbesondere in dynamischer Sicht, denn nur Volkswirtschaften mit hohem Ausbildungsstand ihrer Arbeitskräfte werden in der Lage sein, die Herausforderungen der kommenden wissensbasierten Informationsgesellschaft bei hohen Einkommen und geringer Arbeitslosigkeit zu meistern. Wesentlich umstrittener ist, welche konkreten Optionen die Bildungs- und die Wirtschaftspolitik besitzen, um ein effektiveres Schulsystem zu gestalten. Die neuere empirische Bildungsforschung liefert umfassende Hinweise darauf, welche Maßnahmen die Bildungsqualität beeinflussen können.

Als wesentliches Ergebnis verschiedener neuer empirischer Untersuchungen lässt sich festhalten, dass der Leistungsstand der Schüler nicht in erster Linie vom Ausgabenniveau abhängt, sondern eher von den institutionellen Rahmenbedingungen des Schulsystems, also von den Anreizmechanismen für Schüler, Lehrer, Schulleitung und Eltern. Die in der Vergangenheit in vielen Ländern erfolgten rasanten Ausgabensteigerungen im Schulsektor haben offenbar nicht zu höherer Bildungsqualität geführt. Dies deutet auf bestehende Ineffizienzen in den Schulsystemen hin, die auch für Deutschland auszumachen sind. Deshalb sollte es aus bildungspolitischer Sicht in erster Linie darum gehen, die Ineffizienzen zu beseitigen, statt auf steigende Bildungsausgaben zu setzen. Die Einführung von Zentralprüfungen ist beispielsweise ein Schritt in die richtige Richtung, der die Transparenz innerhalb des Bildungssystems erhöht und zugleich leistungsfördernde Anreize setzt. Die Bildungspolitik kann also einen großen Beitrag zu einer auf lange Sicht substanziellen Verbesserung des Leistungsstands der Schüler leisten, insbesondere wenn es neben der Einführung von Zentralprüfungen andere institutionelle Reformen geben würde, die Anreize schaffen, sich leistungsfördernd und kostensparend zu verhalten. Nicht schwer vorherzusagen ist, dass solche Reformen nicht allen Beteiligten gleichermaßen gut gefallen würden.

Grundsätzlich fraglich ist aber, ob solche umfassenden bildungspolitischen Anreizreformen Wirkungen entfalten könnten, die über den Bereich Bildungssektor hinausgehen würden. Natürlich leistet das Bildungssystem einen wichtigen Beitrag bei der Vermittlung von Kenntnissen und Fähigkeiten. Damit ein reformbedingter stärkerer Aufbau von Humankapital zu merklichen volkswirtschaftlichen Effekten führen kann, müssten aber gleichzeitig in anderen Politikbereichen die Anreize so gesetzt werden, dass leistungsförderndes Verhalten belohnt und kostenverursachendes Verhalten bestraft wird. Ohne die Einbindung bildungspolitischer Maßnahmen in ein wirtschaftspolitisches Gesamtkonzept kann man nicht erwarten, dass die erhofften Wachstumswirkungen einer Reform des Bildungssystems zum Tragen kommen. Ideologisch motivierte Debatten zum Thema Einheitsschule versus gegliedertes Schulsystem helfen nicht weiter. Das gilt auch für die Debatte über die Förderung von Elite-Universitäten. Wenn man besser ausgebildete Schüler und mehr Elite-Universitäten haben möchte, reicht es nicht, an Symptomen zu kurieren. Ohne umfassende Veränderung der Anreizstrukturen, unter denen gelernt, gelehrt und geforscht wird, ist nicht zu erwarten, dass wie auch immer geartete Maßnahmen zu einer wesentlichen Veränderung der Bildungsqualität führen. Und selbst wenn sich etwas Grundlegendes im Bildungssystem ändern sollte, bliebe die Frage, ob ein solcher Effekt nicht mangels Unterstützung aus anderen Politikbereichen gesamtwirtschaftlich eher verpuffen müsste.

Ob die Bildungspolitik die Weichen in Richtung besserer Bildungsqualität erfolgreich stellen kann, scheint nach den vorliegenden empirischen Analysen eher von ordnungspolitischen Grundsatzentscheidungen als von zusätzlichen Ausgaben abzuhängen. Als isolierte Maßnahme wird eine Bildungsreform vermutlich keinen Erfolg haben, wenn sie nicht von ordnungspolitischen Maßnahmen in anderen Politikbereichen flankiert wird. Darüber hinaus stellt sich die weitergehende ordnungspolitische Frage, ob staatliche Bildungspolitik überhaupt nötig ist. Wenn die Ausbildung der Arbeitskräfte beziehungsweise der Aufbau von Humankapital von überragendem volkswirtschaftlichen Interesse ist, wie man das im Zeitalter der Globalisierung zu Recht vermuten kann, könnte man daraus schlussfolgern, dass es genügend Anreize für die private Nachfrage und das private Angebot von Bildungsleistungen geben sollte.

In der Tat könnte man den Bildungssektor privatisieren, wenn die volkswirtschaftliche Ertragsrate einer Bildungsinvestition genauso hoch wäre wie die individuelle Ertragsrate. Die empirische Evidenz ist zwar nicht eindeutig, aber es erscheint als relativ gesichert, dass das nicht der Fall ist. Die volkswirtschaftliche Ertragsrate scheint vielmehr die individuelle Ertragsrate einer Bildungsinvestition zu übersteigen. Demnach gehen Humankapitalinvestitionen mit positiven externen Effekten einher, so wie das auch von vielen neuen Modellen der Wachstumstheorie unterstellt wird. In einem solchen Fall wäre es aus ordnungspolitischer Sicht angezeigt, dass der Staat Bildungsinvestitionen subventioniert, da andernfalls von den Bürgern zu wenig in Bildung investiert würde. Ob die bestehende staatliche Subventionierung des Bildungssystems, die in fast allen Ländern zu beobachten ist, jeweils als zu hoch, zu niedrig oder als gerade richtig betrachtet werden kann, wird derzeit wissenschaftlich debattiert. Unabhängig vom Fortgang dieser Debatte ist festzuhalten, dass der Staat aus ordnungspolitischer Sicht nicht notwendigerweise als Anbieter von Bildung aufzutreten braucht, denn bei entsprechender Subventionierung könnte Bildung auch privat angeboten werden. In diesem Sinne könnte der Wettbewerb zwischen staatlichen sowie privaten Schulen und Universitäten dafür sorgen, dass sich der Leistungsstand der Schüler und Studenten und damit die Bildungsqualität nachhaltig verbessern.

Schließlich sei auf einen Aspekt verwiesen, der in der laufenden Debatte über die Rolle der Bildungspolitik als Reaktion auf die Herausforderungen der Globalisierung und als tragendes Element einer langfristig angelegten Wachstumspolitik bislang wenig Aufmerksamkeit gefunden hat. Vergessen wird oft, dass Schulen und Universitäten nicht die einzigen und vielleicht nicht einmal die wichtigsten Orte sind, bei denen die Kenntnisse und Fähigkeiten vermittelt werden, die letztlich das volkswirtschaftliche Humankapital ausmachen. Wenn man der modernen wissenschaftlichen Literatur zu diesem Thema folgen will und dabei insbesondere auf die Arbeiten des Nobelpreisträgers *James*

*Heckmann*[37] zurückgreift, bleibt als wichtige Erkenntnis, dass in den Familien mindestens ebenso viel Humankapital produziert wird wie in den Schulen. Danach scheinen insbesondere die ersten Kindheitsjahre von überragender Bedeutung für die spätere Leistungsentwicklung zu sein. Im Vergleich dazu scheinen die Schule und alle späteren Ausbildungsformen anfangs bestehende Unterschiede zwischen den Kindern im Hinblick auf Kenntnisse und Fähigkeiten eher zu verstärken als auszugleichen. *Heckmann* sieht deshalb einen eindeutigen Zusammenhang zwischen den ersten Kindheitsjahren und dem späteren Erfolg in der Ausbildung und im Berufsleben, mit den entsprechenden Konsequenzen für bildungs- und familienpolitische Maßnahmen sowie für die gesamtwirtschaftliche Entwicklung.

Aus dieser Perspektive müsste die Bildungspolitik einen Schwerpunkt bei den Kindergärten setzen, statt über hoheitliche Zuständigkeiten für Elite-Universitäten zu streiten. Und die Familienpolitik, die in Deutschland vor nicht allzu langer Zeit als „Gedöns" abgetan wurde, könnte offenbar eine wichtige Rolle für die gesamtwirtschaftliche Entwicklung spielen. Wie das im Einzelnen zu geschehen hätte, wie solche Maßnahmen in bestehende ordnungspolitische Konzepte passen würden und mit welchen Konsequenzen für andere Politikbereiche zu rechnen wäre, würde Gegenstand kontroverser Debatten sein. Solche Debatten könnten sich aber lohnen, da sie Antworten auf die Fragen der Globalisierung versprechen. Festzuhalten bleibt, dass die Rolle der Familienpolitik für die Wachstumspolitik bislang unterschätzt worden ist. Warum das so ist, ist eine weitere spannende Frage. Aber das ist ein Thema für einen anderen Essay.

---

37  Vgl. dazu beispielsweise die Zusammenfassung der Argumente in Heckman und Masterov (2005) sowie in Cunha et al. (2005).

# Literatur

*Barro, Robert J./Jong-Wha Lee* (2001), International Data on Educational Attainment: Updates and Implications, Oxford Economic Papers 53 (3), S. 541-563.

*Becker, Gary S.* (1993), Human Capital. A Theoretical and Empirical Analysis with Special Reference to Education, 3. Auflage, Chicago: University of Chicago Press.

*Case, Anne/Angus Deaton* (1999), School Inputs and Educational Outcomes in South Africa, Quarterly Journal of Economics 114 (3), S. 1047-1084.

*Cunha, Flavio/James J. Heckman/Lance Lochner/Dimitriy V. Masterov* (2005), Interpreting the Evidence on Life Cycle Skill Formation, NBER Working Paper, 11331, May.

*Dollar, David/Aart Kraay* (2002), Growth Is Good for the Poor, Journal of Economic Growth 7, S. 195-225.

*Fuchs, Thomas/Ludger Wößmann* (2004), What Accounts for International Differences in Student Performance? A Re-Examination Using PISA Data, CESifo Working Paper, 1235, July.

*Gundlach, Erich* (2003), Soziale Ertragsraten und Verteilungseffekte des Humankapitals: Internationale Evidenz, in: Heinz Ahrens (Hrsg.), Neuere Ansätze der theoretischen und empirischen Entwicklungsforschung, Schriften des Vereins für Socialpolitik, Band 297, Berlin, S. 229-248.

*Gundlach, Erich/Jose Navarro de Pablo/Natascha Weisert* (2004), Education Is Good for the Poor: A Note on Dollar and Kraay, in: Anthony F. Shorrocks and Rolph van der Hoeven (eds.), Growth, Inequality and Poverty, Oxford University Press, S. 92-106.

*Gundlach, Erich/Desmond Rudman/Ludger Wößmann* (2002), Second Thoughts on Development Accounting, Applied Economics 43, S. 1359-1369.

*Gundlach, Erich/Ludger Wößmann/Jens Gmelin* (2001), The Decline of Schooling Productivity in OECD Countries, Economic Journal, 111, S. C135-C147, May.

*Hall, Robert E./Charles I. Jones* (1999), Why Do Some Countries Produce So Much More Output per Worker than Others? Quarterly Journal of Economics 114, S. 83-116.

*Hanushek, Eric A.* (1997), The Productivity Collapse in Schools, in: William Fowler, jr. (ed.), Developments in School Finance 1996, U.S. Department of Education, National Center for Education Statistics, Washington, D.C., S. 183-195.

*Hanushek, Eric A.* (1998), Conclusions and Controversies about the Effectiveness of School Resources, Federal Reserve Bank of New York Economic Policy Review 4, S. 11-27.

*Hanushek, Eric A./Dennis D. Kimko* (2000), Schooling, Labor Force Quality, and the Growth of Nations, American Economic Review 90 (5), S. 1184-1208.

*Harbison, Ralph W./Eric A. Hanushek* (1992), Educational Performance of the Poor. Lessons from Northeast Brazil, A World Bank Book, Oxford University Press.

*Heckman, James J./Peter J. Klenow* (1997), Human Capital Policy, University of Chicago (mimeo).

*Heckman, James J./Dimitriy V. Masterov* (2005), Allander Series: Skill Policies for Scotland, NBER Working Paper, 11032, January.

*Klenow, Peter J./Andrés Rodriguez-Clare* (1997), The Neoclassical Revival in Growth Economics: Has it Gone Too Far? NBER Macroeconomics Annual 12, S. 73-102.

*Krueger, Alan B.* (1999), Experimental Estimates of Education Production Functions, Quarterly Journal of Economics 114 (2), S. 497-532.

*Matthiesen, Hayo* (1974), Die deutschen Schüler auf dem letzten Platz, Die Zeit, 20. September.

*Mincer, Jacob* (1974), Schooling, Experience, and Earnings, National Bureau of Economic Research, New York.

*OECD* (2001), Knowledge and Skills for Life: First Results from the OECD Programme for International Student Assessment (PISA) 2000, Paris.

*Pritchett, Lant/Deon Filmer* (1999), What Education Production Functions Really Show: A Positive Theory of Education Expenditures, Economics of Education Review 18, S. 223-239.

*Psacharopoulos, George/Harry A. Patrinos* (2002), Returns to Investment in Education: A Further Update, World Bank, Policy Research Working Paper, 2881, September.

*TIMSS International Study Center* (1996), Highlights of Results from TIMSS, Third International Science and Mathematics Study, Boston College, November (http://timss.bc.edu/timss1995i/Highlights.html).

*Topel, Robert* (1999), Labor Markets and Economic Growth, in: Orley Ashenfelter/David Card (eds.), Handbook of Labor Economics, Volume 3 C, Elsevier Science, Amsterdam, S. 2943-2984.

*UNESCO* (var. iss.), Statistical Yearbook, Paris.

*Wößmann, Ludger* (2002), Schooling and the Quality of Human Capital, Kieler Studien, 319, Springer, Berlin.

*Wößmann, Ludger* (2003), Schooling Resources, Educational Institutions, and Student Performance: The International Evidence, Oxford Bulletin of Economics and Statistics 65 (2), S. 117-170.

*Wößmann Ludger/Martin R. West* (2002), Class-Size Effects in School Systems Around the World: Evidence from Between-Grade Variation in TIMSS, Harvard University, Program on Education Policy and Governance Research Paper PEPG/02-02 (forthcoming European Economic Review).

*World Bank* (var. iss.), World Development Indicators, CD-ROM.

# Globalisierungskritik auf dem Prüfstand
## Ein Almanach aus ökonomischer Sicht
Von Juergen B. Donges, Kai Menzel und Philipp Paulus
2003. XI/262 S., kt. € 36,- / sFr 62,10. ISBN 3-8282-0262-4

Die sich in letzter Zeit verschärfende Globalisierungsdebatte hat drei Dimensionen, eine politische, eine gesellschaftlich-kulturelle und eine ökonomische. In diesem Buch wird vor allem auf die ökonomischen Aspekte der Debatte fokussiert. Die Autoren haben das Buch so aufgebaut, dass dem Leser der Zugang zu allen wesentlichen Aspekten der Globalisierungsdebatte erleichtert wird, und zwar nach den Hauptkritikpunkten und den wesentlichen Lösungsvorschlägen von Globalisierungskritikern.

*Aus dem Inhalt:*

1. **Einleitung: Globalisierung – veränderte Relevanz des Themas?**
1.1 Definitionen und Eckdaten
1.2 Historische Einordnung
1.3 Charakterisierung der Globalisierungskritiker
1.4 Charakterisierung der Befürworter aktueller wirtschaftlicher Globalisierungsentwicklung
1.5 Globalisierungskritik in der politischen Diskussion in Deutschland
2. **Almanach der Kritikpunkte an Globalisierung**
2.1 Fundamentalkritik: Ablehnung eines marktwirtschaftlichen Wirtschaftssystems auf globaler Ebene
2.2 Kritik: Internationaler Handel
2.3 Kritik: Internationale Finanzmärkte
2.4 Kritik: Umweltproblematik
2.5 Kritik: Verlust nationaler Souveränität ohne demokratische Legitimation

3. **Almanach der Reformvorschläge von Globalisierungskritikern**
3.1 Breit angelegte Schritte gegen Globalisierung
3.2 Internationalen Handel "fair" gestalten
3.3 Internationale Finanzmärkte mehr regulieren
3.4 International geltende Umweltstandards etablieren
3.5 Mehr Demokratie in der Globalisierung durchsetzen
4. **Synopse**
4.1 Zusammenfassende Darstellung und Wertung der Globalisierungskritik
4.2 Die politökonomische Dimension der Globalisierungsdebatte
4.3 Alternative Knozepte für Industrieländer zur Armutsbekämpufng
5. **Die Rolle der nationalen Wirtschaftspolitik in den Entwicklungs- und Schwellenländern**

  Stuttgart

# Zukunft der Sozialen Marktwirtschaft
Schriftenreihe der Ludwig-Erhard-Stiftung

Band 4
## Mensch, Markt und Staat
Plädoyer für eine Wirtschaftsordnung für unvollkommene Menschen
von Erich Weede
2003. 157 S., kt. € 14,90 /sFr 26,80. ISBN 3-8282-0256-X

Band 5
## Megafusionen, Wettbewerb und Globalisierung
Praxis und Perspektiven der Wettbewerbspolitik
von Oliver Budzinski und Wolfgang Kerber
2003. 123 S., kt. € 12,90 /sFr 23,50. ISBN 3-8282-0257-8

Viele Unternehmen setzten auf Größe, um in der globalen Wirtschaft mithalten zu können. Megafusionen sollen aus nationalen Anbietern Gobal Player machen – die volkswirtschaftlichen Konsequenzen sind umstritten. Ist der Wettbewerb in Gefahr? Kann Wettbewerbspolitik die wirtschaftliche Macht supranationaler Großkonzerne kontrollieren?

Band 6
## Chinas Finanz- und Währungspolitik nach der Asienkrise
Bilanz und Perspektiven der Reformpolitik
von Wolfgang Klenner
2006. 131 S., kt. € 12,90 / sFr 23,50. ISBN 3-8282-0348-5

Ende der 1970er Jahre hielten die Reformer in China viel von der deutschen Wirtschaftsordnung. Sie sahen in der Sozialen Marktwirtschaft eine Verbindung von marktwirtschaftlicher Dynamik und stabilisierender Planung. In der zweiten Hälfte der 1990er Jahre brachen einige Marktwirtschaften in Chinas Nachbarländern zusammen. China überstand die asiatische Finanzkrise nahezu unbeschadet und stellt sich jetzt der Aufgabe, seine Finanz- und Währungsordnung weltmarktgerecht zu reformieren.

  *Stuttgart*

# Weltgesellschaft
## Theoretische Zugänge und empirische Problemlagen
Hrsg. v. Bettina Heintz, Richard Münch u. Hartmann Tyrell
2005. 520 S., kt. € 48,- / sFr 82,50. ISBN 3-8282-0303-5

*Aus dem Inhalt:*

Singular oder Plural – Einleitende Bemerkungen zu Globalisierung und Weltgesellschaft *(Hartmann Tyrell)*

Goethes "Weltliteratur" – Ein ambivalenter Erwartungsbegriff *(Manfred Koch)*

Von der "Gesellschaft" zur "Vergesellschaftung" *(Klaus Lichtblau)*

Die "Entdeckung" der Weltgesellschaft *(Jens Greve, Bettina Heintz)*

Von Marx' kapitalistischer Gesellschafts-formation zu Wallersteins Analyse der "Weltsysteme"? *(Lothar Hack)*

Globale Ordnung und globaler Konflikt: Talcott Parsons als Theoretiker des Ost-West-Konfliktes *(Bettina Mahlert)*

Zum Gesellschaftsbegriff der Systemtheorie: Parsons und Luhmann und die Hypothese der Weltgesellschaft *(Rudolf Stichweh)*

Der Stellenwert von Organisationen in Theorien der Weltgesellschaft. *(Raimund Hasse, Georg Krücken)*

Weltgesellschaft, multiple Moderne und die Herausforderungen für die soziologische Theorie *(Thomas Schwinn)*

Politik der Weltgesellschaft und Politik der Globalisierung *(Mathias Albert)*

Eine soziologische Analyse des Weltpatentsystems *(Christian Mersch)*

Der Weltsport und sein Publikum *(Tobias Werron)*

Die Konstruktion des Welthandels als legitime Ordnung der Weltgesellschaft *(Richard Münch)*

Netzwerke und Konnektivität in der Weltgesellschaft *(Boris Holzer)*

Demokratie in der globalen Rechtsgenossenschaft *(Hauke Brunkhorst)*

Historische Europasemantik und Identitätspolitik der Europäischen Union *(Theresa Wobbe)*

Weltgesellschaft, Menschenrechte und der Formwandel des Nationalstaats *(Matthias Koenig)*

Weltgesellschaft und Nationalgesellschaften: Funktionen von Staatsgrenzen *(Uwe Schimank)*

Wie global ist institutionalisierte Weltbildungsprogrammatik? *(Jürgen Schriewer)*

Traditionelle Landwirtschaft, soziopolitische Differenzierung und moderne Entwicklung in Afrika und Asien *(Patrick Ziltener, Hans-Peter Müller)*

Das Lokale als Ressource im entgrenzten Wettbewerb *(Joanna Pfaff-Czarnecka)*

LUCIUS
"LUCIUS  Stuttgart

# ORDO
Jahrbuch für die Ordnung von Wirtschaft und Gesellschaft

Begründet von WALTER EUCKEN und FRANZ BÖHM

Herausgegeben von

| Hans Otto Lenel | Martin Leschke | Razeen Sally |
| Helmut Gröner | Ernst-Joachim | Alfred Schüller |
| Walter Hamm | Mestmäcker | Viktor Vanberg |
| Ernst Heuß | Wernhard Möschel | Christian Watrin |
| Erich Hoppmann | Josef Molsberger | Hans Willgerodt |
| Wolfgang Kerber | Peter Oberender | |

Band 56: 2005. 425 S., geb. € 76,- / sFr 127,-. ISBN 3-8282-0327-2

Inhaltsübersicht Band 56:

*Christian Watrin*, Hayeks Theorie einer freiheitlichen politischen Ordnung

*Walter Hamm*, Entartung des politischen Wettbewerbs

*Paul Kirchhof*, Freiheitlicher Wettbewerb und staatliche Autonomie – Solidarität

*Viktor Vanberg*, Auch Staaten tut Wettbewerb gut: Eine Replik auf Paul Kirchhof

*Paul Kirchhof*, Der Staat tut dem Wettbewerb gut

*Alfred Schüller*, Soziale Marktwirtschaft als ordnungspolitische Baustelle – Die Synthese zwischen "Freiburger Imperativ" und "Keynesianische Botschaft" ein nationalökonomischer Irrweg

*Ulrich Fehl*, Warum Evolutorische Ökonomik?

*Carl Christian von Weizsäcker*, Hayek und Keynes: Eine Synthese

*Manfred E. Streit*, Die Soziale Marktwirtschaft – zur Erosion einer wirtschaftspolitischen Konzeption

*Drieu Godefridi*, The Anarcho-Libertarian Utopia – A Critique

*Wolf Schäfer*, Exit-Option, Staat und Steuern

*Katarina Röpke/Klaus Heine*, Die 26. Ordnung – Vertikaler Regulierungswettbewerb, supranationale Rechtsangebote und europäischer Binnenmarkt

*Roland Vaubel*, Das Papsttum und der politische Wettbewerb in Europa: Eine Übersicht

*Norbert Berthold/Sascha von Berchem*, Lokale Solidarität – die Zukunft der Sozialhilfe?

*Andreas Freytag/Simon Renaud*, Langfristorientierung in der Arbeitsmarktpolitik

*Dieter Schmidtchen/Roland Kirstein*, Mehr Markt im Hochschulbereich: Zur Effizienz und Gerechtigkeit von Studiengebühren

*Jürgen Zerth*, Ideal der flächendeckenden Versorgung im Gesundheitswesen: Idee oder Fiktion?

*Hartmut Berg/Stefan Schmitt*, Zur Bestreitbarkeit von Märkten: Low-Cost-Carrier als neue Anbieter auf dem EU-Luftverkehrsmarkt

  *Stuttgart*

Bei Fragen zur Produktsicherheit wenden Sie sich bitte an:
If you have any questions regarding product safety,
please contact:

Walter de Gruyter GmbH
Genthiner Straße 13
10785 Berlin
productsafety@degruyterbrill.com